Guerillaspießer

Robert Kayser

Guerillaspießer

Geschichten

Blaulicht-Verlag

Bibliografische Information der Deutschen Bibliothek
Die Deutsche Bibliothek verzeichnet diese Publikation in der Deutschen Nationalbibliografie; detaillierte Informationen sind im Internet über http://dnb.ddb.de abrufbar.

© 2015 Blaulicht-Verlag, Helmstedt
Alle Rechte vorbehalten.
Covergestaltung: Robert Kayser (robertkayser.de)
Titelbild: „Röhrender Hirsch im Gebirge" – L. Skell
Lektorat: Julia Sophie Balzer

ISBN: 978-3-941552-36-4

Printed in Germany

www.blaulicht-verlag.com

30 Kurzgeschichten und drei kleine Bühnenstücke aus den Jahren 2008 bis 2015 in chronologischer Reihenfolge.

www.guerillaspiesser.de

"Es gibt nichts Ödes, nichts Unfruchtbares, nichts Totes in der Welt; kein Chaos, keine Verwirrung, außer einer scheinbaren; ungefähr wie sie in einem Teiche zu herrschen schiene, wenn man aus einiger Entfernung eine verworrene Bewegung und sozusagen ein Gewimmel von Fischen sähe, ohne die Fische selbst zu unterscheiden."

G. W. Leibniz

Inhalt:

11 Glaube, Liebe, Dörrobst

15 Gurktaler Alpenkräuter vs.
    Dinkel Vital

23 Zweiter Klasse nach Transsilvanien,
    einfache Fahrt

31 Nicht zu beneiden:
    Die Bourgeoisie, die Vögel und
    der Mond

35 Nacktschnecken

41 Gurktaler Alpenkräuter vs.
    Döner Kebap

47 Von Bällen und Bärten

53 Der Asphalt ist die Scheiße der Neuzeit

61 Patriotismus - ein schönes Gefühl

67 Hannover hat ein Hofbräuhaus

73 Hottentotten vor ihrer Mattenhütte

77	Über die Gefahren von selbstaufgezeichneten Klingeltönen in Kombination mit Bier und Bulettenbrötchen
83	Walküren auf Plutonium
89	Heterogene Vortrefflichkeitsverteilung auf der Dornröschenbrücke
95	Rendezvous mit Bierdeckel und offenem Ende
101	Der kleine Leopold möchte aus der Kakaoplantage abgeholt werden
107	Wie viel Vernunft braucht der Mensch?
115	Warum so schön?
121	Intoleranz und Vorurteil
127	Du Popcornheld
135	Die schmutzige Phantasie einer Braunschweiger Rossbratwurst
141	Swingerparty auf dem Obersalzberg

147	Wurstvernichternotdienst
153	Mein 90. Geburtstag
159	Narrenschiff
169	Als ich Bier schürfen wollte auf dem Saturn
175	Freibeuter auf Pauschalreise
183	Meine kleine Zeitreise ins postautomobile Zeitalter
189	Das Märchen von Bösi und Bubi
195	Popstars der Trabantenstadt
201	Warum die Hopfenfelder nicht brennen
207	Du bist, was du isst
213	Über die Nichtexistenz der Zeit

Glaube, Liebe, Dörrobst

Um den üblichen Fragen zuvorzukommen, erklärte die Hellseherin dem Kraglerwirt, über die Zukunft habe sie keine gesicherten Kenntnisse. Die Zukunft sei ungewiss. Aus ihrer Kenntnis der Vergangenheit könne sie Prognosen für die Zukunft ableiten, wenn dies gewünscht sei, Gewissheit gebe es aber nur bei Fragen zur Vergangenheit. Hellseherin wolle sie auch nicht genannt werden, sie sei nur einfach allwissend.

Der Kraglerwirt war angetan vom verbindlichen und unbescheidenen Auftreten der Allwissenden, doch bevor er ihr sein delikates Anliegen offenbarte, wollte er ihre Faktensicherheit auf die Probe stellen. Ob Gott existiere, fragte er keck. Sie verneinte, fügte aber keine Erläuterung oder gar Rechtfertigung an, so dass sich der Kraglerwirt, dem auch keine Nachfrage einfiel, einen geeigneteren Test überlegen musste. Wie er, der Kraglerwirt selbst, den Tag bisher verbracht habe, das müsse sie ja wohl wissen. Die Allwissende bestätigte und begann, dem fülligen aber anscheinend nicht sehr neugierigen Gastronomen dessen Erlebnisse des aktuellen Tages zu schildern.

Er habe zum Frühstück vier Butterbrote mit großzügig Mettwurst drauf gegessen. Dazu habe er Filterkaffee getrunken und an die neue Pächterin des Wirtshauses zum Grünen Baum gedacht, die ihm in letzter Zeit eine arge Konkurrenz geworden sei. Habe der bisherige Wirt dort stets nur eine Handvoll Stammgäste um den Tresen geschart, sei das Haus nun jeden Abend voll. Und zu seiner, des Kraglerwirts, wachsenden Sorge gehe dieser Beliebtheitsgewinn des Grünen Baums einher mit einem Beliebtheitsverlust des Kraglers.

Seine morgendlichen Gedanken seien aus diesem zunächst ökonomischen bald in einen erotischen Zusammenhang hinübergeglitten. Die Grünbaumwirtin sei nicht nur seines unternehmerischen Neids, sondern auch seiner fleischlichen Begierde Objekt geworden. Die sich daraus ergebenden Fragen, nämlich wie er seine Kundschaft zurückgewinnen und wie er sie, die Wirtin, für sich begeistern könne, seien im Übrigen der Grund seines Besuchs.

Der Kraglerwirt war bass erstaunt ob der präzisen Kenntnisse seiner Gastgeberin. In der Sache mit Gott hatte sie sich offensichtlich geirrt, natürlich existierte Gott, die Grünbaumwirtin war ja der beste Beweis dafür. Was ihn selbst betraf lag sie dagegen vollkommen richtig, und dass er für seine ärgste Konkurrentin eine romantische Zuneigung empfand, konnte niemand ahnen, der nur zu irdischen Quellen Zugang hatte.

Da die Allwissende nicht nur die Fragen ihrer Klienten besser kannte und präziser auszudrücken vermochte als diese selbst, sondern naturgemäß erst recht die Antworten, präsentierte sie nun auch diese unaufgefordert in des Kraglerwirts offenmundiges Schweigen hinein.

Das Geheimnis der Grünbaumwirtin sei das Dörrobst, das dort in kleinen Schälchen zum Gratisverzehr auf den Tischen stehe, und von dem die Gäste nur allzugern naschten. Bevor sie diese delikaten Früchte zum Verzehr freigebe, trage sie sie einige Zeit in ihrer Unterhose mit sich, um ihnen den letzten Schliff zu geben.

Des Kraglerwirts Zuneigung zur Grünbaumwirtin wuchs in diesem Moment ebenso, wie die letzten Zweifel an der Allwissenheit der Allwissenden schwanden. Die Grünbaumwirtin selbst schien ihm nun eine Göttin zu sein, neben der Gott keinen Platz hatte. Zu ihren Methoden der Kundenbindung wollte er freilich nicht greifen, bezweifelte er doch, dass er eine vergleichbare Wirkung würde erzielen können.

Noch größere Verzückung erregte die Antwort auf die zweite Frage. Die Grünbaumwirtin sei nämlich bis über beide Ohren verschossen in den Kraglerwirt. Er solle halt zu ihr gehen, von ihrem Dörrobst naschen und sie ins Kino einladen. Einer glücklichen zweisamen Zukunft stehe dann nichts mehr im Wege.

Die Zukunft bleibe aber letztlich ungewiss, hörte er sie schon nicht mehr sagen, denn er war schon auf dem Weg zu seiner Dörrobstgöttin.

Gurktaler Alpenkräuter vs. Dinkel Vital

Wir warfen unseren Kuhfellmantel über die Schultern und verließen die Wohnung. Wir wollten ans Tageslicht treten und eine Spritztour machen. Doch zunächst galt es, das Treppenhaus zu überwinden. Hier lauerten nicht nur vier Stockwerke steiler Stufen, die launisch und unberechenbar waren. Aus den Türen konnten auch jederzeit freundliche Nachbarn hervorschnellen, die uns verständnisvoll ansahen oder gar anboten, uns beim Abstieg ins Erdgeschoss behilflich zu sein.

Hätten wir die Flasche Gurktaler Alpenkräuter nur zur Hälfte geleert, wie es zunächst unser Plan gewesen war, wären wir nicht einmal auf die Unterstützung des Treppengeländers angewiesen gewesen. Andererseits wären auch die angenehmen Wirkungen des alpinen Kräuterbitters nicht eingetreten, die wir sehr zu schätzen gelernt haben, seit vor einigen Jahren zum ersten Mal eine größere Menge dieses flüssigen Goldes unsere Kehle durchströmt hat.

Die vorzüglichste dieser Wirkungen ist die Erkenntnis der eigenen Dualität. Eine zweite Seele erwacht in unserer Brust, und aus dem schutzlosen, den Wirren und Launen der Welt ausgesetzten Ich wird ein kraftvolles, unbesiegbares Wir, das erhobenen Hauptes durch die Straßen unserer Stadt schreitet. Darüberhinaus lässt der hochgeschätzte Gurktaler

über dem scheinbar tristen Asphalt jene blühenden Landschaften sichtbar werden, die uns früher verborgen geblieben sind und von deren Existenz die meisten unserer bedauernswerten Mitmenschen bis heute nicht wissen.
Eine der schönsten Blüten, derer wir auf diese Weise gewahr werden durften, wartete geduldig im Hof auf uns, als wir nun aus dem Haus traten. Unser Phönix war ein prachtvolles elfenbeinfarbenes Fahrzeug, das eines Tages auf geheimnisvolle Weise den Müllbergen der Hausbewohner entstiegen war. Noch jedes Mal lief ein wohliger Schauer über unseren Rücken, wenn wir den Platz am Steuerrad einnahmen und der infernalische Klang des Motors ein tausendfaches Echo in der Schlucht des Innenhofs erklingen ließ, untermalt von einer Sinfonie aus zeternden und keifenden Fensterbrettfrauen, die zu Recht besorgt waren, der Schlaf ihrer versoffenen, stinkenden Ehegatten könne durch die blechernen Rufe unseres Phönix gestört werden.
Wie ein weißes Blutkörperchen schossen wir durch die Pulsader unseres geliebten Stadtteils, einen Prachtboulevard, dem unsere klugen Stadtväter einen so bescheidenen Namen gegeben haben: Am Kleinen Felde.
Zu unserer Freude begegneten wir Madame Petit-Champ, die mit Monsieur Sarkozy, ihrer französischen Bulldogge, einen Spaziergang unternahm und uns ein fröhliches „Bonjour, die Herren!" zuwarf.

Wir gaben ein respektvolles „Bonjour, die Damen!" zurück, wussten wir doch, dass sie genau wie wir Wert darauf legte, im Plural angesprochen zu werden. Unsere allererste Flasche Gurktaler war damals ein Geschenk von ihr gewesen.
Madame Petit-Champ war eine Entrepreneuse reinsten Wassers. Ihr neuester Coup war der Versand von benutzter Unterwäsche, für die ihre Kunden erstaunliche Preise zu zahlen bereit waren. Das lag nicht zuletzt daran, dass jedem Versandstück ein sehr freundlicher Brief und einige recht vorteilhafte Fotografien der Vorbenutzerin beigefügt waren. Zum Vorbenutzen hatte sie einige sorgfältig ausgewählte Personen in ihren Diensten, die für ihre Mühen angemessen am Gewinn beteiligt wurden.
In einer offenherzigen Laune hatte sie uns einmal gestanden, dass es zwischen der Gruppe derer, die die Ware vorbenutzten, und der Gruppe derer, die auf den Fotos zu sehen waren, keine Schnittmenge gab. Diese Facette ihres Geschäftsmodells hatte uns ermutigt, höflich unser Engagement in dieser Sache anzubieten, was sie jedoch negativ beschied. Auch unser Hinweis, dass wir unter dem Einfluss des Gurktalers zwei Unterhosen gleichzeitig hätten bearbeiten können, überzeugte sie nicht. Das mussten wir respektieren, fehlte uns doch der unternehmerische Spürsinn, der Madame Petit-Champ in ihren Entscheidungen leitete.

Menschen wie Madame Petit-Champ, Menschen von Würde und herzlichem Wesen, prägen unseren Stadtteil. Doch auf der anderen Seite des Großen Flusses, wo die Silhouette unserer Heimatstadt von drei großen Schornsteinen dominiert wird, die aus drei gigantischen Betonquadern herausragen, haben wir äußerst merkwürdige Dinge gesehen.

Einmal haben wir im Überschwang eine der Brücken, die die beiden Stadtteile verbinden, überquert, um ein Tanzlokal zu besuchen, dessen guter Ruf über den Fluss hinweg zu uns durchgedrungen war. Zunächst schien sich dieser gute Ruf zu bestätigen, doch zu fortgeschrittener Stunde trat ein, was wir unter dem Einfluss des Gurktalers stets zu vermeiden versuchen: Ein unnachgiebiger Drang zwang uns, das im Keller des Etablissements gelegene Pissoir aufzusuchen. Selbiges hatte nicht die früher übliche und heute nur noch selten anzutreffende Form einer Rinne, sondern bestand aus einzelnen an der Wand montierten Keramikbecken, die somit jedem Pinkelnden einen festen Abstand zum Nachbarpinkler vorgaben.

Das erschien uns durchaus vernünftig, barg aber die Gefahr, dass den Pinklern im Lauf der Zeit das Gespür für den angemessenen Pinkelabstand verlorenging und sie sich dann in einem traditionellen Rinnenpissoir unbeholfen verhielten, indem sie zu große oder zu kleine Abstände wählten.

An der gekachelten Wand gegenüber den Urinalen lehnte ein Mann, der sein fürs Wasserlassen zuständiges Körperteil bereits hervorgeholt hatte, obwohl sein Abstand zu den Urinalen noch beträchtlich war. Wir fragten uns zunächst, ob er besagtem Körperteil die Entscheidung überlassen wollte, welches Urinal diesmal zu Ehren kommen solle. Grundsätzlich ein fortschrittlicher Gedanke, Entscheidungen nach unten zu delegieren, wo ja auch unbestritten am meisten Fachkompetenz zu erwarten war.
Bei näherem Hinsehen jedoch ging uns auf, dass der Mann eingeschlafen war. An seiner Lippe klebte der noch glimmende Überrest einer filterlosen Zigarette, die ihn in Kürze unsanft wecken würde. Entweder würde sie ihm die Lippe verbrennen oder vorher hinunterfallen und womöglich ein gerade bloßgelegtes Körperteil entzünden. In jedem Fall wollten wir nicht dabei sein, wenn es soweit war, und verließen das Pissoir unverrichteter Dinge.
Seitdem sind wir unserem Stadtteil in Fragen der Abendgestaltung treu geblieben.
Als wir die strahlende Aura der Madame Petit-Champ hinter uns gelassen hatten und uns auf weitere erbauliche Begegnungen freuten, bog vor uns ein hässlicher blecherner Fremdkörper, ein dunkelblauer BMW, in den Boulevard ein. Wenn ein solcher Bazillus in den Blutkreislauf unseres Stadtteils gelangt, ist es an uns, den weißen Blutkörperchen, ihn zu isolieren und zu vernichten. Wir folgten dem

Eindringling und staunten, für welches Ziel er sich entschied: Der Wagen hielt direkt vor unserer geliebten Kleinen Bäckerei. Eine junge Frau und ein Kind stiegen aus und betraten das winzige Ladengeschäft.

Wir brachten den Phönix hinter dem blauen Blechbazillus zum Stehen und folgten den beiden in die Bäckerei. Als unser Freund, der Bäckermeister, hinterm Tresen erschien, uns mit einem sonoren „Tag, die Herren!" begrüßte und sich nun seiner Kundin zuwandte, blickte diese zunächst kurz irritiert in unsere Richtung, zeigte dann aber doch auf die Brotauslage und sagte mit glockenheller Stimme: Wir hätten gern ein Dinkel-Vital.

Unser Herz machte einen Hüpfer. Zwei Seelen wohnten auch in ihrer Brust. Den Gedanken, dass das bei Frauen auch physiognomisch mehr Sinn ergibt, verwarfen wir sogleich, denn frivole Albernheit war dem Ereignis nicht angemessen. Während der Bäckermeister ihr das Brot einpackte, erkannten wir, dass nur schnelles und entschlossenes Handeln ihre Aufmerksamkeit auf uns lenken konnte, bevor sie ihr Kind an der Hand nehmen und den Laden wieder verlassen würde.

Wir hätten auch gern ein Dinkel-Vital, sagten wir mit einem jovialen Seitenblick zu unserer mutmaßlichen Seelenverwandten. Ihr Mienenspiel jedoch verriet unserem in Fragen der Menschenkenntnis untrüglichen Auge, dass ihre Euphorie sich in Grenzen hielt. Auch der höchst alarmierte Blick unseres Freundes jenseits der Theke ließ uns bevorstehende Unbill fürchten. In der Tat war die Dame dermaßen ungehalten ob unserer Äußerung, dass sie uns mit einem Fausthieb niederstreckte.

Unser geliebter Gurktaler hatte uns wieder einmal einen Streich gespielt. Das bittersüße Getränk war launisch wie ein Weib und brachte nicht nur schöne Blüten wie den Phönix, sondern auch garstiges Unkraut wie diesen Fausthieb hervor. Verstünden wir die Frauen, wäre uns sofort klar gewesen, dass das Wir aus dem Munde der Dame nicht ihre zwei Seelen, sondern sie und ihr Kind gemeint hatte, dessen Wunsch nach einem Dinkel-Vital uns allerdings höchst fragwürdig erscheint. Vermutlich hatte sie schon während der Schwangerschaft begonnen, im Plural von sich zu sprechen, von Seelenverwandtschaft konnte hier keine Rede sein.

Als wir aus unserer klitzekleinen Ohnmacht erwachten, war die Dame verschwunden. Stattdessen beugte sich ein Herr in weißem Kittel über uns und sprach Worte, die uns erneut - wenn auch nur kurz - aufhorchen ließen:

„Na, wie geht's uns denn?"

Zweiter Klasse nach Transsilvanien, einfache Fahrt

Leipzig Hauptbahnhof, Sonntagabend. Ich betrete den InterCity nach Hannover. Bei der Auswahl des Sitzplatzes in einem Zug kann man bekanntlich einiges falsch machen. Ein typischer Anfängerfehler ist, nur nach freien Doppelsitzen Ausschau zu halten und sich gedankenlos darauf zu stürzen, um gleich beide Plätze zu belegen, einen für sich und einen für Tasche, Jacke und Müll. Auf den ersten Blick ist das eine praktische Sache und in einem halbwegs leeren Zug auch ungefährlich. Füllt sich der Zug jedoch im Lauf der Reise, wächst die Gefahr, dass der zur Gepäckablage degradierte Nachbarsitz Begehrlichkeiten weckt.

Ob derjenige Fahrgast, der am wenigsten Skrupel hat, einen aus seiner kreativen Ruhe zu reißen und den Platz einzufordern, auch der beste denkbare Sitznachbar ist, ist allerdings fraglich. Mir persönlich sind die zurückhaltenden unter den Sitznachbarn die liebsten, aber gerade die trauen sich nicht, zu stören und Platz zu beanspruchen. Hat man richtig Pech, setzt sich ein aufdringlicher, nach Schweiß und Frittenbude riechender Koloss neben einen.

Der InterCity von Leipzig nach Hannover ist erfreulich menschenleer, so dass ich mich für die Inbesitznahme eines Doppelsitzes entscheide. Die Situation ist entspannt und ich wähne mich in Sicherheit.

Jedoch bereits in Halle steigt eine Person ein, die im Gang direkt neben mir stehen bleibt und vermutlich darauf wartet, dass ich aufblicke oder sonst irgendeine Reaktion zeige. Aber nicht mit mir, ich bin in einer kreativen Phase des Flow, von Schaffenskraft durchströmt kritzele ich Zeile um Zeile in mein Notizbuch und kann mich unmöglich jetzt noch um die Anliegen des gewöhnlichen Pöbels kümmern. Dieser jedoch sieht das in Verkennung meines Genies und seiner Bedeutung für die Gegenwartsliteratur anders; und so erhebt die Person im Gang ihre Stimme – die Stimme einer jungen Frau – und sagt: „So."

Obwohl sie ihr Anliegen damit sehr kompakt zusammenfasst, weiß ich natürlich, was dieses „So" bedeutet: Sie will meinen Sitzplatz, denn sie hat eine Reservierung dafür, und die siebenunddreißig anderen freien, nicht reservierten Sitzplätze um uns herum sind ihr nicht gut genug, und bezahlt hat sie schließlich auch für die Reservierung, und das jawohl nicht, um sich dann auf irgendeinen anderen Platz zu setzen. Um den Flow nicht zu stören, verzichte ich außer einem genervten Seufzer auf jegliche Konversation, werfe flugs meine Klamotten auf den freien Doppelsitz vor uns und lasse mich dort nieder, ohne dabei das Vollkritzeln meines Notizbuchs zu unterbrechen.

Ausgerechnet in Köthen steigen unglaublich viele Leute ein. Mit einem kurzen Rundumblick stelle ich aber fest, dass die Situation noch entspannt ist. Alle

Doppelsitze in meiner unmittelbaren Umgebung sind mit jeweils nur einer Person besetzt. Vor mir sitzt eine erfolgreiche Rechtsanwältin aus Isernhagen oder L.A., jedenfalls trägt sie eine Blumenapplikation über der linken Brust, die nicht gerade klein ist. Auf der anderen Seite des Ganges sitzt Richard Gere im Cordsakko und hinter ihm Britney Spears mit spärlicher Bekleidung und Glitzer im Gesicht und einem kleinen weißen Lifestyle-Notebook auf dem Schoß. So eins will ich auch, denke ich kurz, aber dann fällt mir ein, dass ich das Notizbuch mit schwarzem Ledereinband und den passenden Federhalter mit Bedacht gewählt habe, denn ich bin ja ein Autor von Weltrang, und das soll man auch meiner Ausrüstung ansehen. Direkt hinter mir sitzt natürlich Frau So, die durchaus attraktiv und sympathisch wirkt, wie ich leider erst jetzt merke, und sogar ein Buch liest.

Bei diesem Umfeld ist es kaum wahrscheinlich, dass sich irgendjemand ausgerechnet für den Platz neben mir entscheidet. Schließlich versuche ich dem Bild des weltentrückten Genies auch durch Vernachlässigung meiner äußeren Erscheinung gerecht zu werden. Ob dieses Arrangement aus höchst attraktiver Nachbarschaft und weniger attraktivem Verschrobener-Künstler-Ich seinen Zweck erfüllt, wird nun auf eine erste Probe gestellt. Die Menschenkette im Gang ist zum Stillstand gekommen, vermutlich ist sie mit der vom anderen Ende des Wagens ausgehenden Menschenkette in der Mitte zusammengestoßen. Die Situation wird brenzlig, aber zum Glück sitzen alle Attraktoren noch allein in ihren Doppelsitzen, also kein Grund zur Sorge. Ich verzottele meine Haare, werfe noch etwas Müll auf meinen Nachbarsitz und rülpse vernehmlich, um keine Missverständnisse aufkommen zu lassen.

Plötzlich merke ich: Es riecht nach Frittenbude! Mit einem leichten Einschlag von Umkleidekabine. Aus dem Augenwinkel wage ich einen verstohlenen Blick zum Gang. Dort steht er, der Antiheld aller Teenagergruselfilme, der große dicke Junge, der immer als erster vom Kleinstadtvampir gebissen wird, weil er sich von der Gruppe entfernt, um den Kühlschrank zu plündern.

Falls der junge Mann sich tatsächlich regelmäßig in Umkleidekabinen aufhalten sollte, hat die damit mutmaßlich verbundene sportliche Ertüchtigung keinerlei Spuren an seinem Körper hinterlassen. Sollte es bezüglich der Formung dieses Körpers jemals zu einem Wettstreit zwischen Turnvater Jahn und Burger King gekommen sein, so hat Burger King eindeutig den Sieg davongetragen. Verfärbungen auf seinem Sweatshirt lassen mich zunächst an Schweißflecken denken. Doch zum Glück ist es ein aufgedrucktes Camouflage-Muster, hellgrau auf weiß, zu seiner Tarnung trägt das hier nicht bei.

Eindeutig heterosexuell, Richard Gere hilft hier nicht weiter, ebenso die Rechtsanwältin, die ihn eher einschüchtern wird. Frau So habe ich inzwischen eher für mich reserviert, aber die süße Glitzerbritney könnte was für ihn sein, das muss er doch merken. Es geht weder vor noch zurück, und der junge Mann wird ungeduldig, die Gravitation fordert ihren Tribut.

Langsam dämmert mir, dass Britneys kaum verhüllter Astralkörper ihn zwar anziehen, aber eben auch verunsichern wird. Dass zwischen all diesen Schönheit und Selbstvertrauen ausstrahlenden Übermenschen ausgerechnet ich ihm als der am wenigsten problematische Sitznachbar erscheinen muss. Dass ich diesen Eindruck durch mein verlottertes Äußeres und mein Gerülpse noch verstärkt habe.

Ich blöde Sau, denke ich, ich dämliches Arschloch. Das Wort „Arschloch" habe ich nicht nur gedacht, sondern sogar ausgesprochen, stelle ich bestürzt fest.

Ich habe mich nicht im Griff, das geht jetzt zu weit mit der Verlotterung, Genie hin oder her, man muss auch gesellschaftsfähig bleiben.

„Wie bitte?", höre ich die überraschend sonore Stimme des Burgerschrecks neben mir im Gang. „Äh... was? Hä?", antworte ich blöde und glotze ihn an. Ganz schön riesig, denke ich, der braucht doch zwei Plätze für sich allein. „Was haben Sie da gerade gesagt?", insistiert er. „Äh... ich habe nicht Sie gemeint, sondern mich selbst. Ich verblöde nämlich gerade totalement, wenn Sie verstehen, was ich meine." Hoffentlich kann Frau So mich nicht hören.

Der Dicke jedenfalls ist sich unserer Seelenverwandtschaft nun endgültig sicher. Die Sachen auf meinem Nachbarsitz kann ich gerade noch vor den niederstürzenden Fleischmassen retten, dann ist es vorbei mit Bewegungsfreiheit und frischer Luft. Seiner Körperfülle ist geschuldet, dass ich den Anspruch auf unsere gemeinsame Armlehne verliere. Sein Hoheitsbereich erstreckt sich sogar noch darüber hinaus auf Teile des Luftraums über meinem Sitz. Um mit meiner Schulter nicht an seine verschwitzte Achselhöhle zu geraten, lehne ich mich ans Fenster.

So eingeklemmt zwischen den blühenden Landschaften des Postsozialismus, die hinterm Fenster vorbeiziehen, auf der einen und 120 Kilo fleischgewordenem Turbokapitalismus auf der anderen Seite, kommt mein schöpferischer Geist erst in Fahrt. Ich spüre den Flow und lasse die Feder über weiße Notizbuchseiten huschen, wo sie Spuren aus blauer Tinte hinterlässt, Fährten für die Spürhunde der Weltliteratur.

Doch die Spürhunde sind mir dichter auf den Fersen als vermutet. Ein furchtbarer und geradezu bizarrer Verdacht bestätigt sich, als ich kurz in Richtung des Maximenü-Mähdreschers neben mir blicke. Der Typ schaut ganz ohne die gebotene Scham und Zurückhaltung in mein Notizbuch und liest mit, was ich soeben geschrieben, was eine höhere Vernunft mich für die Welt hat aufschreiben lassen. Und als ob nicht alle Grenzen des Anstands damit schon deutlich überschritten wären, hebt er auch noch zu sprechen an und kommentiert das Gelesene, ja diktiert mir quasi live ins Notizbuch:

„Nette Geschichte. Ein überfüllter Zug, schöne Menschen um dich herum, aber ausgerechnet neben dir ein fetter Typ, der nach Schweiß riecht. Unangenehme Vorstellung. Und klischeemäßig ganz weit vorn. Hut ab! Riecht nach Nobelpreis, würd ich sagen."

Das reicht, ich verschwinde. Während ich meinen Kram einpacke, faselt er noch irgendwas, woher ich das mit dem Kühlschrank denn wisse. Der findet sich einigermaßen witzig, soviel ist mal klar. Auf dem Gang werde ich von der Schaffnerin aufgehalten, einer älteren Dame, der beim Anblick meiner Fahrkarte die Gesichtszüge entgleisen. „Sie sitzen im falschen Zug, junger Mann!", sagt sie zu mir, tiefes Bedauern in ihrem Blick.

Ich blöde Sau, denke ich, ich dämliches Arschloch. „Naja, wollte eh grad aussteigen.", erwidere ich etwas blödsinnig und schreite zur Tür. Doch diese lässt sich auch durch intensives Rütteln und Reißen nicht öffnen, und so wende ich mich hilfesuchend an die freundliche Schaffnerin.

Aus deren Gesicht ist nun alles Bedauern gewichen, stattdessen lacht sie mich herzlich an oder vielmehr aus und erklärt, sie habe nur einen Spaß gemacht, mich hopsgenommen sozusagen, der Zug sei der vollkommen Richtige und die Tür habe sie gerade abgeschlossen, zu unser aller Wohl.

Die Frau hat ja einen veritablen Dachschaden, denke ich noch, die müsste längst pensioniert sein. Doch die anderen Fahrgäste finden das anscheinend nicht und stimmen in ihr Lachen ein, der dreiste Frittenfresser sowieso, aber auch Britney Spears, Richard Gere, die Anwältin und sogar Frau So lachen sich kaputt über mich.

Bilde ich mir das ein, oder haben die alle außergewöhnlich lange Eckzähne?

Nicht zu beneiden:
Die Bourgeoisie, die Vögel und
der Mond

So ließ es sich aushalten. Die Sonne schien ihm ins Gesicht, die Vögel zwitscherten, ein sanfter Wind wehte über das Gras, in dem er lag. Er spielte sein Lieblingsspiel, das darin bestand, im Gras zu liegen und sich zu fragen, wer auf dieser Welt eigentlich seines Neides würdig sei. Das Spiel endete stets mit der wohltuenden Feststellung, dass er niemanden zu beneiden hatte, dass sein Leben geradezu perfekt war.

In der Ferne spielte eine Gruppe junger Leute ein merkwürdiges Spiel, bei dem es anscheinend darum ging, Holzfiguren in der Mitte eines Spielfeldes mit einer Art Staffelstab abzuwerfen. Sie riefen und lachten, rannten fröhlich umher und hatten offenkundig viel Freude. Doch er beneidete sie nicht, denn am nächsten Morgen würde jeder einzelne von ihnen vom schrillen Piepton eines Weckers aus dem Schlaf gerissen und nach einem hastigen, freudlosen Frühstück zu seiner Arbeitsstelle fahren.

Die zwitschernden Vögel zu beneiden kam ihm gar nicht in den Sinn, allein der Gedanke ließ in fast erröten ob seiner kitschigen Volksliedromantik. Das mit dem Fliegen wäre sicher interessant und bisweilen auch praktisch, aber allzu viele Möglichkeiten der Selbstverwirklichung boten sich einem als Vogel ja nicht. Früher oder später würde man des Umherfliegens überdrüssig und nähme die einzige Möglichkeit wahr, mehr aus seinem Leben zu machen: Man würde eine Familie gründen wie alle anderen Vögel auch, und kleinen Schreihälsen tote Würmer in die Schnäbel stecken.

Ein Schicksal, das auch den sorglosen Holzfigurenspielern bevorstand. Die Zusammensetzung der Gruppe ließ bei genauerer Betrachtung zwar vermuten, dass es sich um Junggesellen handelte, die noch keinen Gedanken an Eheschließung und Festanstellung verschwendeten. Es mochten sogar Studenten sein, die selbst den Wecker noch nicht fürchten mussten. Doch ihre Sorglosigkeit im Umgang mit Gleichaltrigen würde sich rächen. Einen nach dem anderen würde eine unkontrollierte Hormonausschüttung ereilen, die ihn veranlassen würde, sich eine seiner Spielkameradinnen zur Lebenspartnerin zu erwählen, mit ihr eine Familie zu gründen, in ein Reihenhaus zu ziehen und seine Arbeitskraft einer ungeliebten, aber die Familie wirtschaftlich absichernden Festanstellung zu opfern.

Noch unsinniger als Studenten oder Vögel zu beneiden wäre allerdings, die Sonne zu beneiden oder die Wolken oder den Mond gar, was für ein Unsinn, dachte er. Der hat wirklich nichts zu lachen, der Mond, praktisch keinerlei Handlungsspielraum, immer nur leuchten, mal ganz, mal halb, mal gar nicht und das immerzu nach einem völlig starren Zeitplan. Dem würde er sogar Reihenhaus und Festanstellung vorziehen.

Doch vor dem Abrutschen ins Bourgeoisie-Dasein war er geschützt, denn er hatte seine Traumfrau bereits gefunden, und diese hielt den Gedanken an Fortpflanzung und abhängige Beschäftigung für ebenso abwegig wie er selbst. Sie bestärkte ihn in allem, was er tat, und so war sein Bohème-Leben als Mitglied der intellektuellen Avantgarde völlig unbedroht. Neid war eine Gefühlsregung, die ihn zwar rein akademisch interessierte, die er aber nie am eigenen Leib erfahren hatte. Es gab einfach keinen Anlass dazu.

Ein heller Klang riss ihn aus diesen Gedanken, ein wohlvertrautes Pfeifen, das ihn sogleich aufspringen und frohlocken ließ, denn so konnte nur eine pfeifen. Er eilte ihr entgegen, war froh sie zu sehen, genoss ihre zärtliche Berührung. Er war zu beneiden, das war mal klar, und sie war zu beneiden, denn sie hatte ja ihn. Sie strich liebevoll durch sein Fell, und als er das vertraute Klicken an seinem Halsband hörte, wusste er: Sie gingen nach Hause.

Nacktschnecken

„Ich muss noch in'n Gachten!", dröhnte es aus der denkmalgeschützten Gachtenlaube der Krauthausens, und Rudi Krauthausen trat heraus auf die Waschbeton-Platten, die die Welt bedeuten. Feinstes Feinripp spannte sich über seinen weit ausladenden Bauch. Sein vielbeachteter Sieg bei der großen Grillmeisterschaft des Kleingärtnervereins Germania Feierabend hatte hässliche Fett- und Brandspuren auf dem edlen Zwirn hinterlassen. Als er seiner Frau Käthe den Entschluss mitteilte, ebendieses Hemd von nun an als Trophäe zu tragen und es nie mehr zu waschen, gab diese zurück, das mit dem nicht mehr Waschen sei ja nichts Neues, das habe er ja bisher auch nicht getan. Jaja, konterte Rudi mit der wuchtigen Eloquenz des Kleingärtners.

Rudi Krauthausen war Kommunist und sein Kleingarten die persönliche Unabhängigkeitserklärung an den Monopolkapitalismus. Er konnte als freier Mann auf seinem eigenen Rasen in der Sonne liegen und sein eigenes Gemüse anbauen, er ließ sich nicht in einen Plattenbau zwängen und mit genmanipulierten Lebensmitteln mästen.

Als Gründungsmitglied des Kleingärtnervereins „Feierabend" hatte er es sich nicht nehmen lassen, die von der Vereinsmehrheit gegen seinen Willen durchgesetzte Fusion mit der benachbarten „Germania" in einer vielbeachteten Rede zu geißeln, in der er sich mit Anspielungen auf die Nazi-Vergangenheit und vor allem Gegenwart einiger führender Germania-Mitglieder nicht zurückgehalten hatte. Germania, allein der Name, hatte er in die Versammlung gedröhnt, aber der neue Name „Germania Feierabend", der habe ja einen fast anarchischen Unterton, das stimme ihn dann doch versöhnlich. Zur Namenswahl könne er die Herrschaften nur beglückwünschen.

„Ich bin ma im Gachten getze!", rief Rudi Krauthausen vom Waschbeton aus ins Haus zurück. Jaja, das sei ihr wohl klar, erwiderte Käthe, das habe er ja gerade schon gesagt. Spitzfindige Repliken und Sticheleien wie diese hatte er von seinen Gartenzwergen nicht zu erwarten. Gartenzwerge waren natürlich, das war ihm schon klar, eine grässliche Ausgeburt des Spießertums, und eine statistische Erhebung, die er, Rudi Krauthausen, selbst durchgeführt hatte, hatte ergeben, dass die Gartenzwergdichte, also die mittlere Anzahl Gartenzwerge pro Kleingarten, bei „Germania" fast doppelt so hoch war wie bei „Feierabend". Da konnten selbst die Oberspießer vom KGV „Waldesgrün" nicht mithalten.

Die Gartenzwergdichte in seinem eigenen Garten hatte all die Jahre seit der Gründung des KGV Feierabend stets genau Null betragen, bis er auf dem Flohmarkt eine Sammlung Gartenzwerge in Gestalt historischer Persönlichkeiten gefunden und sogleich erworben hatte, eigentlich wegen Marx, Lenin und vor allem Trotzki, ein bisschen auch wegen Stalin. Hitler war auch dabei, da hatte er den halt mit aufgestellt, der passte ganz gut zur Fusion mit Germania, fand er. Ein kleiner Will-kommens-gruß an die neuen Kollegen, ein Zeichen des guten Willens und des Entgegenkommens.

Um der alljährlichen Nacktschneckenplage Herr zu werden, hatte Rudi Krauthausen Bierfallen in seinem Garten aufgestellt. Die glitschigen Schleimkreaturen waren noch schärfer auf das güldene Nass als er selbst, und was das Beste war: Gegenüber Marke und Qualität des Bieres waren sie vollkommen indifferent, sie tranken auch minderwertige Biere und ersoffen darin scharenweise. So hatte er einen nützlichen Verwendungszweck für die Kiste Warsteiner Premium Verum, die ein wohlmeinender Cousin im letzten Jahr zu einer kleinen Gartenparty mitgebracht hatte.

Um die Bierfallen vor Regenwasser zu schützen und zugleich den Blick darauf zu verstellen, hatte er spezielle Schalen entwickelt, auf die die Gartenzwerge passgenau aufgesetzt werden konnten und die dennoch den Schnecken freien Zugang zum lockenden Gerstensaft gewährten. Unter Hitler fanden sich immer die meisten Nacktschnecken, was für Rudi Krauthausen keine Überraschung war: Die kamen von der Germania rüber, das war mal klar. Waren auch fast nur braune Nacktschnecken dort, das konnte kein Zufall sein.

„Ich guck mal nach den Bierfallen!", rief Rudi Krauthausen in Richtung Laube. Jaja, kam es von dort zurück. Doch beim Anblick der schneckengefüllten Fallen trat ihm der Schweiß auf die Stirn und sein Herz verdoppelte die Schlagfrequenz. Die Zwerge waren weg, die großen Denker und Lenker der Weltgeschichte, Marx, Trotzki, Lenin, Stalin. Auch Hitler war verschwunden, die braunen Schneckenleichen sozusagen führerlos.

Er lief zum Komposthaufen, der etwas abseits stand, und neben dem er einen weiteren Zwerg aus der Reihe historischer Persönlichkeiten platziert hatte, der ihm etwas peinlich war: Niemand geringeren als Gott hatte er dort aufgestellt, denn im Kompost fand mehr Evolution statt als irgendwo sonst im Garten, und für Evolution war zweifellos Gott zuständig. Welch sonderbare Kreaturen im Kompost gediehen, war selbst einem erfahrenen Kleingärtner wie Rudi Krauthausen manchmal unheimlich, da schien ihm ein fachkundiger Aufseher sinnvoll postiert zu sein. Aber auch der Schöpfer war verschwunden.

Ein kräftiger Frühlingswind wehte durch die Brandlöcher seines Feinripp-Unterhemds, als er den Hauptweg der Kleingartenkolonie entlangschritt und mit flatterndem Haupthaar laut deklamierte: „Wo ist Gott? Wo ist Trotzki?"

Philosophische Fragestellungen aus dem Munde Rudi Krauthausens waren in der Kleingartenkolonie „Germania Feierabend" nichts Unbekanntes. Mit dem nun gezeigten Auftritt setzte er jedoch einen Meilenstein, das war eine neue Qualität, wie die staunenden Nachbarn entlang des Hauptwegs anerkennen mussten.

Die Antwort ließ weniger lang auf sich warten als bei großen philosophischen Fragestellungen üblich. Der Wind wurde heftiger, Laub und Büsche flogen umher, eine Windhose bildete sich mitten auf dem Hauptweg, die immer mehr Sand aufwirbelte, Blitz und Donner ließen die Gartenlauben erzittern. Alle Kleingärtner hatten sich von ihren Klappstühlen erhoben und sahen mit weit aufgerissenen Augen und Mündern wie Rudi Krauthausen selbst vom Strudel emporgerissen wurde und unter lautem Deklamieren seiner Fragen immer höher und höher emporstieg, bis er schließlich in den Wolken verschwand.

Dort oben fand Rudi seine kleinen Freunde, jeder auf einer weißen Wolke sitzend, nur Gott hatte sich für einen eher unbequemen Fernsehsatelliten entschieden. In dieser ungewohnten, aber doch erhabenen Position fasste Rudi Krauthausen einen Entschluss: Er schwebte zu Hitlers Wolke, sah dem KleFaZ, dem kleinsten Führer aller Zeiten, fest in seine Hartgummiaugen und sagte: „Das Boot ist voll!"

Darauf versetzte er ihm einen Fußtritt, der so heftig war, dass Hitler von seiner Wolke fiel und beim Sturz durch die Atmosphäre als hellbrauner Feuerball verglühte. Diesen Feuerball sah ein stark alkoholisierter Kärntner Landeshauptmann beim Stuhlgang durch das Fenster einer Klagenfurter Herrentoilette und fasste ebenfalls einen Entschluss: Diesem Leitstern wollte er folgen, und zwar sofort, mit dem Auto, so schnell als möglich.[1]

---

[1] Abweichendes Ende für 2015: „Diesen Feuerball sah Lutz Bachmann beim Stuhlgang durch das Fenster einer Dresdner Herrentoilette und fasste den Entschluss, einen Verein zu gründen mit dem bekackten Namen Pegida. Wenn das Rudi Krauthausen wüsste, wäre es ihm ziemlich peinlich."

Gurktaler Alpenkräuter vs. Döner Kebap

Der letzte Tropfen des bittersüßen Goldes benetzte unsere Lippen, die leere Flasche schlug mit dem Klang einer bronzenen Kirchenglocke auf den Terrazzoboden unserer Küche auf und signalisierte dem freundlichen Musikstudenten in der Wohnung unter uns, dass wir einen Zustand der Erleuchtung erreicht hatten. Um diesen Zustand angemessen auszukosten, verließen wir unsere Wohnung und begaben uns auf eine Spritztour durch unseren geliebten Stadtteil.

In den Gurktaler Alpen im fernen Kärnten, weit außerhalb unseres geliebten Stadtteils, ja sogar außerhalb unserer Heimatstadt, entspringt ein Kräuterbitter von erlesener Qualität. Seine beachtlichste Wirkung ist die Erkenntnis der eigenen Zweifaltigkeit. Aus einem verletzlichen, schwachen Ich wird ein mächtiges, unverwundbares Wir, das erhobenen Hauptes durch die Straßen der Stadt schreitet.

Eine Spritztour durch unseren geliebten Stadtteil war unter dem Einfluss des Gurktalers aus einem weiteren Grund weitaus angenehmer als im nüchternen Zustand. Nüchternheit konnte einem ästhetische Schwächen im Straßenbild vorgaukeln, und die Illusion liebloser Nachkriegsarchitektur, insbesondere rechts des Engelbosteler Damms, hupender großer Blechkapseln auf grauem Asphalt und mitunter auch eine gewisse Frustration in den Gesichtern der Menschen war uns unerträglich. Erst durch den Genuss des Gurktalers wurden diese Trugbilder weggewischt, so dass wir die wahre Schönheit unseres Stadtteils genießen konnten.

Unsere Heimatstadt wird von einem großen Fluss durchschnitten, der wiederum von mehreren Brücken überspannt wird. Einmal haben wir im Überschwang einer uns sonst fremden Abenteuerlust eine dieser Brücken überquert und sind so in einen fremden Stadtteil gelangt, dessen Silhouette von drei großen Schornsteinen dominiert wird, die aus drei gigantischen Betonquadern herausragen. Um das Gefühl der Beklommenheit zu überwinden, das uns in der unwirtlichen Fremde überkam, suchten wir ein gastronomisches Institut auf, das uns eine der mit Fleisch und Kraut gefüllten Brottaschen servierte, die uns aus unserem Stadtteil angenehm vertraut waren.

Während wir unter fremder Sonne an einem Stehtisch das wohlschmeckende Mahl verzehrten, stürzte direkt neben uns ein kleiner Vogel, ein Sperling wohl, in den Rinnstein und blieb dort liegen. Er müsse im Flug gestorben sein, dachten wir und fragten uns, ob es unter Vögeln als erstrebenswerte Todesart gelte, im Flug zu sterben. Aus diesem Gedanken, den weiterzuverfolgen uns durchaus lohnend erschien, riss uns ein wohl einheimischer Grobian, der das Tier mit der Hand aufhob und seinen Grobiankollegen auf deren Stehtisch legte, was diese wiederum köstlich zu amüsieren schien. Sie redeten auf das tote Tier ein und warfen es, da es nicht antworten wollte, schließlich in den Rinnstein zurück.

Wir haben unseren Stadtteil seitdem nicht mehr verlassen.

Die Erinnerung an diese merkwürdige Episode weckte in uns den Appetit auf eine eben jener wohlschmeckenden Brottaschen, und so begaben wir uns zum Brottaschenmacher unseres Vertrauens. Dort wartete bereits ein Kunde – ein junger Vater mutmaßlich – und sah unserem anatolischen Freund hinterm Tresen bei der Vorbereitung eines weiteren kulinarischen Etappensiegs zu. Auf des Vaters Arm saß ein knallroter Strampelanzug, in dem ein kleines Kind steckte. Als wir uns zu ihm stellten, wandte er sich uns mit freundlichem Blick zu, einem Blick, den wir ohne die erleuchtende Wirkung des Gurktalers vermutlich als missmutig oder gar abweisend missinterpretiert hätten.

Der Strampler war beflockt. Die Zahl „29" bedeckte weiß auf rot den Rücken des Kindes, darüber „Hannover", darunter „Lala". Obwohl wir das Stadion unserer schönen Heimatstadt seit vielen Jahren nicht betreten hatten, wussten wir doch einzuwenden, die 29 sei die Rückennummer von Per Mertesacker gewesen, als dieser noch für unseren traditionsreichen Fußballclub zu spielen die Ehre hatte, und keineswegs die von Altin Lala, der ja bekanntlich die Nummer 8 auf seinem Rücken führe.

Die Mimik des mutmaßlichen Vaters verriet unserem in Fragen der Menschenkenntnis untrüglichen Auge, dass er diesen Einwand nicht zum ersten Mal hörte. Auch die Antwort kam nur gequält über seine Lippen und drang so undeutlich an unser Ohr, dass wir kaum zu folgen imstande waren. Dennoch konnten wir dem Text entnehmen, dass der Beflockungsbeauftragte des dem Stadion angegliederten Fanshops die Nummer 29 bereits auf das Textil geflockt hatte, als er der Diskrepanz gewahr wurde, die zwischen dem schmalen Rücken des Strampelanzuges einerseits und dem recht langen Namen des zu ehrenden Innenverteidigers andererseits bestand.

Im Übrigen könne das Kind den Namen „Lala" bereits fehlerfrei aussprechen, während wohl noch die eine oder andere Saison ins Land gehen könne, bis auch der Name „Mertesacker" seinen Platz im aktiven Wortschatz des Kindes finden würde. Wir waren uns mit dem Kindsvater einig, dass das Gespräch seinen Zenit überschritten hatte. Der junge Vater wandte sich an den Gastwirt und sprach: „Wir hätten gern eine Dönertasche, mit Zaziki aber ohne Scharf."

Dass er im Plural von sich sprach, konnte zweierlei bedeuten: Entweder war auch er dem Gurktaler zugeneigt oder er ging davon aus, dass der kleine verhinderte Mertesacker auf seinem Arm ebenfalls Interesse an einer Dönertasche hatte. Doch konnten wir diesen Gedanken, den weiterzuverfolgen uns durchaus lohnend erschien, nicht zuendeführen, da der freundliche Fleischspießwirbler auf der anderen Seite des Tresens auch uns erwartungsvoll anblickte, und so ließen wir uns nicht lang bitten und sagten: „Wir hätten auch gern eine Dönertasche."

Eine böse Ahnung ließ uns einen Seitenblick auf Papa Mertesacker wagen, und der Missmut in seinem Blick, der selbst durch den gnädigen Schleier des Gurktaler-Rauschs gut sichtbar war, ließ den Schluss zu, dass es wohl nicht der Gurktaler war, der ihn zur Verwendung des Plurals veranlasst hatte, und dass unsere Verwendung des Plurals folge-richtig als ein gehässiges Nachäffen seines Vater-Sohn-Plurals missverstanden wurde.

Unsere Erfahrung, dass eine sachliche Erläuterung der Wirkung des Gurktalers den Rezipienten oft intellektuell überforderte, sowie unsere ausgeprägte Neigung, Konflikten eher aus dem Weg zu gehen, veranlassten uns zu einer raschen Flucht aus dem Laden. Auf der Straße jedoch stießen wir mit einem Polizeibeamten zusammen, der robuster gebaut war als wir, strauchelten und schlugen unsanft auf das Pflaster des Bürgersteigs auf.

Als wir zu Bewusstsein kamen, blickten wir in zwei besorgte Polizistenaugen, und der Beamte machte uns ein für einen Mann seines Fachs ungewöhnli-

ches Geständnis, dessen gesamte Tragweite für niemanden außer uns zu erfassen war:
„Wir haben wohl wieder einen über den Durst getrunken!"

Von Bällen und Bärten

Zwei Tore in zwei Minuten – das passiert nicht alle Tage und ist für den nur beiläufig an Fußball interessierten Passanten zeitökonomisch vorteilhaft. In den Genuss dieses zeitökonomischen Vorteils kam ich, als ich eines sonnigen Tages im Frühling 2009 mit dem Fahrrad am Nordufer des Maschsees von Ost nach West entlangfuhr und anschließend rechts in die Waterloostraße einbog. Aus dem an dieser Straßenkreuzung gelegenen Biergarten hörte ich schon im Näherkommen die teils enttäuschten, teils entsetzten Rufe der Anhänger unseres traditionsreichen Fußballklubs.

Im Vorbeifahren sah ich die Ursache des öffentlichen Unbehagens in Zeitlupe: Ein vom Elfmeterpunkt geschossener Ball flog vorbei an Torwartgott Robert Enke ins hannoveranische Tor. Und ohne anhalten zu müssen, bekam ich noch Gelegenheit, den unmittelbar folgenden Ausgleichstreffer, dessentwegen die Zeitlupe gnädig unterbrochen wurde, mit anzusehen und unter dem Jubel der Fans von dannen zu fahren.

Fußball ist bekannt für seine gehirnschonende Bekömmlichkeit. Tor für die anderen: schlecht. Tor für uns: gut. Fahne schwarz-weiß-grün mit 96 in der Mitte: schön. Fahne anders: nicht so schön. Dieser klare Kontrast ohne lästige Zwischentöne ermöglicht es, auch mit einer größeren Menge Bier in der Birne den Überblick zu behalten und jederzeit situationsgerecht Zustimmung oder Unbehagen zu signalisieren.

Nur wenige Meter weiter die Waterloostraße hinauf wurde es komplizierter. Auf dem Schützenplatz hatten sich einige tausend Menschen versammelt, die gelbe Fahnen schwenkten. Die meisten dieser Fahnen zeigten das Portrait eines Schnauzbartträgers. Zeichnet man die Anzahl der Schnauzbartträger in der Fußball-Bundesliga über die Zeit auf, so erhält man in etwa den Verlauf einer Gaußschen Normalverteilung, wobei der Höhepunkt im Jahr 1985 mit grandiosen 162 Schnauzbartträgern erreicht wurde. Diese Information stammt von Christoph Biermann[2], der auch den Namen des letzten Schnauzbartträgers der Bundeliga nicht verschweigt: Ali Daei von Hertha BSC war der einzige Spieler, der in der Saison 1999/2000 einen Schnauzbart zu tragen das Rückgrat hatte. Das neue Jahrtausend hat laut Biermann zumindest bis 2005 nur schnauzbartfreien Fußball hervorgebracht.

Der Mann auf den gelben Fahnen war aber kein Fußballspieler, dafür war sein Schnauzbart zu groß und sein Kinn zu doppelt. Ein zu großer Schnauzbart verdeckt die für Fußballspieler wichtige Sicht auf den unmittelbaren Fußvorraum. Wird das dadurch notwenige Nachvornneigen des Kopfes

---

[2] Christoph Biermann: Fast alles über Fußball, Kiepenheuer & Witsch, 2005

durch ein Doppelkinn erschwert, ist der Ballverlust unausweichlich.

Der Bart, dem hier gehuldigt wurde, hatte vielmehr und vermutlich nicht zufällig Ähnlichkeit mit dem von Josef Stalin. Der Bart gehörte Abdullah Öcalan, dem Führer der Kurdischen Arbeiterpartei PKK, der seit 1999 in der Türkei inhaftiert ist. Dass seine Inhaftierung mit dem Niedergang der Schnauzbarttradition in der Bundesliga zusammenfällt, ist mit Sicherheit kein Zufall. Ebenfalls kein Zufall war die hohe Konzentration von Öcalan-Verehrern an diesem Tag auf dem Schützenplatz, denn es war der 21. März, der Tag des kurdischen Neujahrsfests Newroz und der 25. Spieltag der Bundesliga.

Als ich am Friederikenplatz an einer roten Fußgängerampel warten musste, standen auf der gegenüberliegenden Straßenseite vier junge Männer, die sich gelbe Öcalan-Fahnen über die Schultern geworfen hatten und darauf warteten, dass die Ampel ihnen die Querung der Straße und somit den Zugang zur Party auf dem Schützenplatz erlaubte. Aus dem Hintergrund hätte in diesem Moment Rahn schießen müssen, doch der war längst tot, und so betrat an seiner Stelle eine junge Frau die Szenerie. Sie hatte sich eine kurdische Flagge um ihren Körper gewickelt, rauschte wehenden Haupthaars an den vier Genossen vorbei und überquerte die Straße, ohne die Zustimmung der Ampel abzuwarten.

Die Blicke der jungen Revolutionäre konzentrierten sich zunächst kurz auf das Gesäß der jungen Dame, wanderten dann wieder hoch zur roten Fußgängerampel, um sich schließlich wieder dem Gesäß zu widmen. Die Genossin hatte die Straße längst überquert und die Blicke der Jungs waren noch einige Male zwischen Arsch und Ampel hin- und hergependelt, als einer der vier all seinen Mut zusammennahm und ihr hinterherrief: „Ey! Das is vierzisch Euro un ein Punkt in Flensburg!"
Abdullah Öcalan, der große Führer der PKK, hätte gelächelt, wäre er dieses kleinen Schauspiels Zeuge gewesen. Hätte er solch unerschrockene und aufrechte Jungs in größerer Zahl in seiner Gefolgschaft, wäre die Befreiung Kurdistans vom Joch der türkischen Unterdrücker ein Kinderspiel.
Dass das Verhalten der Jungs stärker vom Anblick der roten Ampel als vom Anblick der rückseitigen Rundungen der jungen Revolutionärin geleitet war, wurde mir verständlich, als ich mich später bei Wikipedia über die Gesetze der PKK informierte. Öcalan hat nämlich erkannt, dass sexuelle Verführung der Tod des Kriegertums ist und somit gegen die grundlegenden Prinzipien des Befreiungskampfes verstößt. Folgerichtig steht auf Geschlechtsverkehr unter Parteimitgliedern die Todesstrafe.
Die Straßenverkehrsordnung ist hier zwar gnädiger, schlug in diesem speziellen Fall aber in dieselbe Kerbe wie die Geschlechtsverkehrsordnung der

PKK, indem sie die jungen Revolutionäre daran hinderte, ihren natürlichen Instinkten zu folgen. Ob die 40 Euro, der Punkt in Flensburg oder der Tod letztlich das entscheidend Abschreckende war, ist im Nachhinein schwer zu beurteilen.

Dass die ampelverachtende Kurdin keine Öcalan-Fahne trug, wurde mir plausibel, als ich bei Wikipedia über die Auffassung des großen Führers zur Rolle der Frauen in der PKK las. Durch seinen monströsen Schnauzbart hindurch soll er verlautbart haben, er habe noch bei keiner Frau Größe feststellen können.

Plausibel wurden mir auch die Warnungen vor der sogenannten Überfremdung, die mir bis dahin ein unergründliches Rätsel gewesen waren. Was ist das für ein Land, in dem man nicht mehr bei Rot über die Ampel gehen kann, ohne dass einem vorlaute Muselmanen aus der Straßenverkehrsordnung rezitieren?

Der Asphalt ist die Scheiße der Neuzeit

Ich saß auf meinem Balkon und versuchte, eine Klorollenmütze zu häkeln, als ein lautes Hupen meine Konzentration störte. Irgendein Autofahrer wollte auf sich aufmerksam machen, weil ihm irgendetwas missfiel. Und weil es ihm ein Anliegen war, dass alle Anwohner der Straße davon erfuhren, hupte er noch ein zweites und ein drittes Mal.

Ich begann mich zu echauffieren und das war nicht gut, denn ich musste mir eine positive, offene Stimmung bewahren. Düstere, aggressive Stimmung übertrug sich sogleich auf die Gestalt der sowieso schon ziemlich misslungenen Klorollenmütze, eine Auftragsarbeit für das Büro Fugazzi, von deren Gelingen meine Reputation bei Dr. Fugazzi nicht unwesentlich abhing. Da jeder Hupton meine Stimmung weiter verfinsterte, verließ ich die Wohnung, um die Sache zu klären.

Im Treppenhaus ereiferte ich mich über die Autofahrer im Allgemeinen. Die Straßen und Plätze unserer Stadt, dachte ich, mögen einst Orte gewesen sein, an denen man sich gern aufhielt, Orte der Begegnung, wurde ich pastoral, doch heute sind sie verdeckt von einem technischen Ding aus Asphalt mit fetten Linien und Markierungen drauf, einem Schaltwerk des hässlichen grauen Straßenapparates. Die autogerechte Stadt ist gar keine Stadt mehr, polterte ich, sie ist eine Maschine, in der die Menschen

ängstlich zwischen dröhnenden Blechkapseln hindurchhuschen. Wo im Mittelalter Scheiße festgetreten wurde, liegt heute Asphalt. Wo man früher schmutzige Schuhe und ein paar Infektionen bekam, wird man heute angehupt oder totgefahren.
Ich hatte mich bereits in eine recht aggressive Laune hineinphilosophiert, als ich vor die Tür trat und das Destillat meiner technokratiekritischen Erwägungen in Form einer einzigen wirren Sentenz hinausschrie: „Der Asphalt ist die Scheiße der Neuzeit."
Unter den Passanten, deren Aufmerksamkeit ich mir auf diese Weise verdient hatte, war meine liebe Freundin Madame Petit-Champ. Sie stand auf der anderen Seite der Plaza, wie ich die Straßenkreuzung unter meinem Balkon gern nenne, und rauchte wie immer zwei Gitanes gleichzeitig. Mein Ärger über die invasiven Tendenzen des motorisierten Individualverkehrs war bei ihrem Anblick sofort verflogen.
Um uns herum herrschte das gewöhnliche Treiben der Straßenmaschinerie. Bonzenkarren fuhren Steuerhinterzieher und Rostlauben Sozialschmarotzer spazieren. Alles Arschlöcher, dachte ich und bemerkte gutgelaunt, dass sich mit den Arschlöchern der Kreis schloss zum mittelalterlichen Straßenbelag. In Anbetracht des erheblichen Rauchwarenkonsums meiner Freundin Madame Petit-Champ war sie nicht weit davon entfernt, Asphalt auszuscheiden. Andererseits war sie sehr weit davon entfernt ein Arsch-

loch zu sein, also trafen wir uns in der Mitte der Plaza, um einen Plausch zu halten.

Mit meiner Arbeit an der Klorollenmütze war sie vertraut, denn an sie hatte ich mich gewandt, um in Erfahrung zu bringen, was eine Klorollenmütze eigentlich sei. Es handelte sich nämlich um eine – üblicherweise gehäkelte – Umhüllung für eine Klorolle, die man auf der Hutablage eines Automobils unterbringen wollte, ohne anderen Verkehrsteilnehmern zu viel über die eigene Darmtätigkeit zu verraten. Dem Auftrag aus dem Büro Fugazzi hatte ich zunächst ratlos gegenübergestanden, aber nach den fachkundigen Erläuterungen der Madame Petit-Champ war mir klar, dass ich ein Requisit für eine verdeckte Operation liefern sollte. Dr. Fugazzi pflegte seine verdeckten Operationen minutiös vorzubereiten, und in der fein austarierten Architektur seiner Planung hatte jeder Beteiligte nur einen winzigen Beitrag zu leisten, niemand kannte das Gesamtwerk.

Ich hatte kaum begonnen, ihr von der Malaise meiner Häkelarbeit zu berichten, als ein vorbeifahrender Autofahrer grässlich laut hupte, sodass wir vor Schreck zusammenzuckten. Der ungehobelte Klotz blieb auch noch neben uns stehen und rief uns zu, das sei hier nicht der Bürgersteig. Offenbar fühlte er sich einer überlegenen blechgewandeten Herrenrasse zugehörig, die uns unverblechte Untermenschen nach Belieben herumschubsen und auf ein schmales

– vielsagend Bürgersteig genanntes – Reservat am Straßenrand verbannen konnte.

Madame Petit-Champ und ich verständigten uns durch ein dezentes Kopfnicken auf einen ausgefuchsten Plan: Wir würden das Auto zu Klump schlagen und den Fahrer, nachdem wir ihn geteert und gefedert hatten, aus der Stadt jagen.

Der Plan scheiterte daran, dass noch ziemlich zu Beginn des Zuklumpschlagens vier junge Herren dem Wagen entstiegen, kräftige Burschen mit Feuer im Blick. Mir schien, es dräute Unbill, sodass die Flucht zu ergreifen sich anbot und ich flugs die Beine in die Hand nahm. Nur unter Aufbietung aller Kräfte konnte ich den Verfolgern entwischen und rettete mich keuchend in die Kleine Bäckerei. Ich rief der Frau Bäckerin einen flüchtigen Gruß zu und schnappte mir im Vorbeilaufen eines der halluzinogenen Kräuterbollchen, die in einem Schälchen auf dem Tresen zum Gratisverzehr angeboten wurden.

Ich rannte durch die Backstube und stürzte in den Hinterhof der Bäckerei, wo sich mein Fluchtweg in drei mögliche Routen gabelte, er kuchengabelte sich quasi, wie mir in den Sinn kam. Das war bereits die Wirkung des Kräuterbollchens. Gewaltbereite Autonazis waren mir auf den Fersen und mein eigentlich messerscharfer Verstand tischte mir Bilder von Kuchengabeln auf, von Bienenstich, Käsekuchen, Zwetschgendatschi. Vielleicht hätte ich nicht ausgerechnet in die Bäckerei laufen sollen. Eigentlich kannte ich den Trick mit den halluzinogenen Kräuterbollchen: Sie waren gratis, machten aber ungemein heftigen Appetit auf Backwaren. Ich nahm sie im Grunde nur wegen der lustigen Farben und Formen, die sich mir dann im Rausche darboten.

Aus meinen Kuchenträumen riss mich das Gezeter der wütenden Automobilisten, die offenbar gerade in die Bäckerei stürmten. Sekunden bevor hinter mir die Tür aufschlug, wandte ich mich kurzentschlossen nach rechts, um katzengleich über die Mauer in den nächsten Hof zu gelangen. Ob das der richtige Weg war, erschien mir sogleich fraglich, denn hier lagen abgetrennte Gliedmaßen auf dem Boden, meist kein gutes Zeichen. Doch hoch oben auf einem Balkon stand, zwischen Spinnweben kaum zu erkennen, eine geflügelte Fee und wies mir mit ihrem leuchtenden Dreizack den Weg. Folge dem Hirn, rief sie mir zu, und ich wollte schon abwinken, dem Hirn folgen, naja, dachte ich, der Dreizack ließ mich wieder an Kuchengabeln denken. Doch sie holte zu einer Wurfbewegung aus. Sie meinte gar nicht mein Hirn, sondern das kleine Affen- oder Katzenhirn, das sie gerade noch in der Hand gehalten hatte und das sich nun auf einer ballistischen Flugbahn in Richtung Kinderspielplatz befand.

Ich folgte dem obskuren Flugobjekt, doch während ich über Zäune und Mauern stieg, mischte sich mein eigenes Hirn wieder ein, vielleicht aus Eifersucht, diesmal aber mit dem durchaus pfiffigen Hinweis, dass eine Fee, die Kleintiergehirne und abgetrennte Gliedmaßen vom Balkon schmeißt, eventuell nicht sehr vertrauenswürdig sei.

In der Tat bot sich mir bei Erreichen des Spielplatzes ein merkwürdiger Anblick: Eine Traube aus Kindern hatte sich um das gelandete Hirn gebildet, und die entzückenden Kleinen waren dabei, es in Fetzen zu reißen und sich Hirnstücke in den Mund zu stecken. Als sie meiner gewahr wurden, hielten sie inne, schauten finster und knurrten mich aus ihren blutigen Mäulern an. Daran sind diese Killerspiele schuld, dachte ich noch, als sie auch schon vom Hirn abließen und begannen, in meine Richtung zu krabbeln, die Blicke unverwandt auf mich gerichtet. Das war mir doch unheimlich. Insbesondere ein Mädchen, das sich ein indianisch anmutendes Muster aus Blut ins Gesicht gemalt hatte, das unzweifelhaft aggressiv wirken sollte, machte mir Sorgen, denn neben der Fertigkeit der Gesichtsmalerei hatte sie auch bereits die des aufrechten Gangs erworben und würde mich bereits in wenigen Sekunden erreicht haben.

Die Mütter und Väter der kleinen Monster saßen strickend und tratschend auf zwei Bänken im Hintergrund und zeigten nicht das geringste Interesse an dem ungeheuerlichen Vorgang und meinem bevorstehenden Todeskampf. Ein wohlmeinendes „Die wollen nur spielen!" hätte mich ein wenig beruhigt, obwohl ich mich dennoch auf die eine oder andere

Fleischwunde eingestellt hätte. Die rettende Idee, die sich gerade im Straßenverkehr noch bewährt hatte, nämlich einfach wegzulaufen, kam mir einen Augenblick zu spät, und zwar gerade in dem Moment, als die kleine Kriegerin mich am Bein packte und zeitgleich hinter mir die wütenden Herren der Straße aus dem Gebüsch sprangen.

Zu meinem übergroßen Glück hatten die blutrünstigen Kinderlein anscheinend mehr Appetit auf deren Hirne als auf meines. Die waren vermutlich durch das Leben im schwankenden und stickigen Blechwohnzimmer weicher und besser durch. Kinder haben ja ein Näschen für sowas. Sie ließen von mir ab und stürzten sich auf die vier Burschen, die praktisch keine Gegenwehr leisteten. Das Indianermädchen hielt immer noch mein Bein umklammert und wollte mich wohl als Dessert reservieren. Da ich merkwürdigerweise nicht die Kraft besaß mich loszureißen, hoffte ich, dass die vierteilige Hauptspeise – auch ob ihres hohen Mineralölgehalts – den kleinen Teufeln bereits hinreichend Sättigung bieten würde.

Die Kavallerie nahte in Gestalt von Madame Petit-Champ, die mich resolut aus den Klauen des Mädchens befreite – der Onkel könne jetzt nicht mit ihr spielen – und mich, den Spielzeugonkel, weg vom Spielplatz zurück zur Plaza zerrte. Dort deutete sie triumphierend auf die Heckscheibe des Autos der mittlerweile wohl auch physisch Hirnlosen, das nun

herrenlos mitten auf der Kreuzung stand. Dort auf der Hutablage thronte – einen herrlich güldenen Glanz ausstrahlend – eine Klorollenmütze von betörender Schönheit.
Da wird Dr. Fugazzi aber Augen machen, jubilierte ich, und mein Tag war gerettet.

Patriotismus - ein schönes Gefühl

Der Oberbürgermeister von Magdeburg hat irgendwann in den Neunzigern mal gesagt, es sei für das Investitionsklima seiner Stadt eher ungünstig, wenn ankommende Reisende auf dem Bahnhofsplatz von einer Horde Neonazis empfangen würden, die zur Begrüßung den rechten Arm reckten.
Obwohl ich nie als Investor aus Bahnhofsportalen trete, ist mir diese Information im Gedächtnis geblieben und hat mein Bild des Ostens nachhaltig geprägt. Bis heute schaue ich mich jedes Mal, wenn ich in einer ostdeutschen Stadt aus dem Bahnhof komme, verstohlen nach Hinweisen auf die Gegenwart von Nazis um. Ich habe schon begonnen, Vermutungen anzustellen, warum ich die Teile nie zu Gesicht bekomme, habe auch mal aufgeschnappt, dass die Nazis ihren Dresscode mittlerweile bei den Autonomen abgekupfert haben. Vermutlich habe ich sie einfach nicht erkannt, weil ich nur nach braunen Uniformen und schwarz-weiß-roten Armbinden geschaut habe. Womöglich marschieren die auch gar nicht mehr und singen auch nicht „Die Wacht am Rhein".
Eines Tages im Herbst 2008 kam ich mit dem Zug in Leipzig an und hätte beim Verlassen des Bahnhofs schon beinahe vergessen, nach den Nazis zu gucken, als sie nach all den Jahren mythisch-orkhaften Unterweltdaseins plötzlich doch physische Gestalt an-

nahmen. Als hätten sie geahnt, dass ich ihre Existenz beinahe verdrängt hatte, tauchten sie aus heiterem Himmel direkt vor meiner Nase auf. Ich wartete an einer roten Fußgängerampel vor dem Bahnhofsplatz, als mehrere Reisebusse mit Fahrtziel „Stadion" vorbeifuhren. In den Fenstern waren junge Männer mit kurzgeschorenen Haaren und blauweißer Fußballfankluft zu sehen, die den wartenden Bahnreisenden teils den Mittelfinger, teils den ausgestreckten rechten Arm präsentierten. In der Tat hatte diese Sorte Nazis deutlich mehr Ähnlichkeit mit Orks als mit Major Strasser.

Paralysiert schlurfte ich durch die Innenstadt, dachte über die Schlechtheit der Menschen nach und war enttäuscht von Leipzig und den Neuen Ländern überhaupt, allen fünf.

Doch als wollte Leipzig sich für den kleinen Nazibus-Fauxpas entschuldigen und jetzt richtig guten Willen zeigen, trat die Sonne zwischen den Wolken hervor und ließ ihre goldenen Strahlen auf eine kleine Familie scheinen, die vor mir die Nikolaistraße entlangging.

Die erleuchtete Familie bestand aus einer Mutter in Sichtweite der Menopause und zwei Kindern im Grundschulalter, einem Bub und einem Mädchen, wobei der Bub durchaus schon auf dem Gymnasium hätte sein mögen, während das Mädchen noch zu jung dafür war. Aber Gymnasium – das war am Habitus der drei deutlich zu erkennen – stand hier auf jeden Fall auf dem Programm. Unter Gymnasium würden die es nicht machen, warum sollte sonst auf der Jacke des Mädchens „Dolce & Gabbana" stehen, das ergäbe ja wenig Sinn, wenn es am Ende auf der Real- oder gar Hauptschule landete.

Wenn Kinder schon Klamotten im Wert eines Kleinwagens am Leib tragen, macht das deren Eltern in meinen Augen – denen eines jegliche Konsumfreude zernörgelnden Griesgrams also – normalerweise nicht sehr sympathisch. In diesem Fall aber konnten sie meinem sozialistischen Groll ein Schnippchen schlagen, indem sie sich – klar zu erkennen an sehr dunkler Hautfarbe, schwarzen Haaren und so weiter – für afrikanische Vorfahren entschieden hatten. So konnte der Anblick dieser spießigen, arroganten kleinen Familie doch mein Herz erwärmen und mein Bild des Ostens ein wenig erhellen, denn ein Ariernachweis wurde hier ja offenbar doch nicht verlangt. Die Nazibusse erschienen mir nun wie Trugbilder, ich war mir nicht mal mehr sicher, ob ich sie wirklich gesehen oder nur phantasiert hatte. Vielleicht gehörten die Nazi-Orks auch zu einem Freilichtmuseum, das neben verhutzelten Mittelalterdarstellern mit aufgeklebten Pestbeulen auch solche für die jüngere Geschichte engagiert hatte.

Wenn diese Familie hier nicht nur unbehelligt durch die Stadt spazieren, sondern auch noch wirtschaftlich erfolgreich sein und diesen Erfolg unbekümmert zur Schau stellen konnte, dann war doch wohl alles in Ordnung im Osten. Die Angeberklamotten nahm ich gern in Kauf. Wer diskriminierten Minderheiten mit dem angemessenen Respekt begegnen will, muss natürlich auch ihren Anspruch auf Spießigkeit respektieren. Das ist so, wie wenn Schwule heiraten und Ausländer CDU wählen, da muss man durch.

Deutschland – dachte ich – es geht bergauf mit dir, aus dir wird nochmal ein ganz normales Land mit einem schwarzen Bundeskanzler und allem Pipapo. Die Dolce&Gabbana-Familie weckte patriotische Gefühle in mir. Ähnliches war mir zuvor im Sommer während der Europameisterschaft im Herrenfußball wiederfahren. Es mag einigermaßen bescheuert sein, zu Hunderttausenden fähnchenschwenkend auf die Straße zu rennen, nur weil man gegen eine Außenseitermannschaft gewonnen hat, aber es ist wohl irgendwie normal, machen die anderen ja auch so. Da kann man bei den Deutschen ja schon froh sein, wenn sie einfach mal das machen, was alle machen, und sich nicht was Eigenes überlegen, da kommt ja dann meist nichts Gutes bei raus.

Um es noch einmal spannend zu machen, schickte Leipzig eine neue Figur auf die sonnenerleuchtete Bühne seiner Innenstadt. Die Familie, die nichts ahnte von den patriotischen Gefühlen, die sie in mir auslöste, wurde von einer Bettlerin angesprochen, ob sie nicht einen Euro erübrigen könnten. Die Reaktion der Mutter wurde ihrem Habitus vollkommen gerecht, der Klassiker halt: „Geh doch arbeiten!"

Ich bin mir übrigens gar nicht sicher, ob man als Einwanderer oder Nachkomme von Einwanderern dem Integrationsanspruch der Leitkulturprediger überhaupt dadurch gerecht wird, dass man sich so verhält wie von dieser Familie vorgeführt, oder ob nicht eher ein unterwürfiges Auftreten erwartet wird, aus Dankbarkeit dafür, dass man in den erlauchten Kreis mitteleuropäischer Hochkultur aufgenommen wurde, wie viele Generationen das auch immer her sein mag.

Dass die drei sich in der Frage Dankbarkeit oder Assimilation eindeutig für Assimilation entschieden hatten, unterstrich der nun folgenden Epilog der kleinen Leipziger Freilichtinszenierung, den der junge Gymnasiast sprechen durfte. Nachdem er seiner Mutter beim Abservieren der Bettlerin interessiert und lernbegierig zugesehen hatte, fragte er artig: „Bei der Nächsten darf ich das sagen, ja, Mama?"

Leipzig hatte seine Hausaufgaben gemacht und war im goldenen Westen angekommen. Ob man hier in Würde leben konnte, hing nicht mehr von der Hautfarbe, sondern vom Einkommen ab, und Nazis wurden hinter Glas gehalten. Obwohl es sich dafür ja schon eine 1+ mit Sternchen verdient hatte, servierte mir Leipzig noch das ganze Wochenende heißen Kaffee und Sonnenschein, den ich in bester Gesellschaft genießen durfte, und weder Orkhorden noch Major Strasser wurden mehr auf die Bühne gelassen. Meine patriotischen Gefühle entziehen sich übrigens einer genaueren Untersuchung, da sie stets nur wenige Minuten überleben. Es ist wissenschaftlich erwiesen, dass Patriotismus – auch in seiner scheinbar harmlosen schwarz-rot-goldene Fähnchen schwenkenden Form – ein sehr instabiler Zustand ist, sofern das befallene Gehirn noch einigermaßen rund läuft.

Hannover hat ein Hofbräuhaus

So kurz davor zu platzen war meine Blase schon lange nicht mehr. So drängend war mein Harndrang, dass ich keine andere Wahl hatte. Mehrere Jahrzehnte hatte ich in dieser Stadt gelebt, ohne jemals ihr gastronomisches Epizentrum betreten zu haben. Nun war es soweit: Mit gekreuzten Beinen stand ich vor dem Eingang, über dem in leuchtend güldenen Lettern ehrfurchtgebietend wuchtige Worte prangten: „Brauhaus Ernst August"
Drinnen drohte ich schon nach wenigen Sekunden die Besinnung zu verlieren. Es herrschte ein unglaubliches Gedränge, und es wurde eigentümliche Musik gespielt, die mir doch seltsam bekannt vorkam. Die Menschen verhielten sich höchst merkwürdig und sahen auch höchst merkwürdig aus. Einige Frauen trugen blinkende Broschen an ihren Brüsten. Das fand ich komisch und fragte mich, ob sie eventuell geheime Codes blinkten und man aus dem Blinkrhythmus auf Beziehungsstatus und sexuelle Neigungen der Trägerin schließen konnte. Einige Männer trugen trotz der relativen Dunkelheit Sonnenbrillen, vielleicht um sich vor der hypnotischen Wirkung der blinkenden Broschen zu schützen. Das würde ich noch herausfinden, dachte ich, aber jetzt erstmal hurtig zur Toilette.
Obwohl ich sehr damit zu tun hatte, mich durch die träge Menschenmasse zu kämpfen und dabei meine

Blase vor Stößen zu schützen, fiel meinem interessierten Auge doch die pittoreske Einrichtung auf. Hinter der langgezogenen Bar standen riesige Kupferbottiche, die durch ein Röhrensystem miteinander verbunden waren. An der Bar aufgereiht lehnten Männer, die mir seltsam unwirklich erschienen. Jeder stand allein für sich und scannte mit Kennerblick die Szenerie. Der Farbton ihrer Haut schien sich dem der Kupferbottiche angepasst zu haben, eventuell eine Tarnung, um von den arglosen Objekten ihrer Begierde nicht zu früh erkannt zu werden.

Ich fürchtete schon, den Weg zum Klo nicht mehr zu schaffen, als sich wie durch ein Wunder vor mir eine Schneise auftat. Die See teilte sich und gab den Blick frei auf einen jungen Mann mit öligem Haar, solariumbrauner Haut, Glitzerkrawatte und weißer Hose. Er war sichtlich ergriffen von der Musik, stand in breitbeiniger Rockerpose da, die Knie leicht gebeugt. Als der ersehnte Refrain erklang, reckte er seine Faust in die Luft und sang laut mit: „It's my life – it's now or never!"

Naja, dachte ich, in deinem Fall wäre „Never" die bessere Wahl gewesen. Aber das wird dir morgen auch klar sein, wenn du mit hämmernden Kopfschmerzen neben einer Kotzelache aufwachst, in der eine blinkende Brosche schwimmt.

Im Toilettenbereich war zu sehen, dass die Konstrukteure des Pissoirs die Treffsicherheit ihres Publikums eher pessimistisch einschätzten. Es gab eine umlaufende Pissrinne aus Blech, die auf der Wandseite bis über Kopfhöhe hochgezogen war, sodass man in der Wahl des Abstrahlwinkels recht frei war und zudem die Möglichkeit hatte, im spiegelnden Blech ein charmantes Lächeln zu proben. Außerdem konnte man den anderen Pinklern im Spiegel zuschauen und sich so der eigenen Überlegenheit vergewissern.

Nachdem ich meine Mission erfüllt hatte, beschloss ich, dem Rätsel der blinkenden Broschen auf den Grund zu gehen. Ich brachte mich an der Bar vor den Kupferkesseln in Stellung und scannte die Szenerie. Besorgt stellte ich fest, dass mein linker Fuß im Takt der Musik wippte. Gerade wollte ich sicherheitshalber die Farbe meiner Haut untersuchen, als direkt vor mir eine wunderschöne Frau in klackernden High Heels über die Tanzfläche schritt, eine blinkende Brosche an ihrer Brust.

Wie ein Laubfrosch auf Fliegenjagd schnellte ich aus meiner Lauerstellung hervor und legte gekonnt meinen im Spiegelpissoir polierten Charme aufs Parkett. Sie geriet sofort in den Bann meiner erotischen Stimme, lächelte ein bezauberndes Prinzessinnenlächeln und leistete kaum Widerstand, als ich sie galant zur Bar geleitete und uns beiden ein Bier bestellte.

So ließ es sich aushalten. Ich war eins mit dem Brauhaus, ich war eins mit der Musik, ich war eins mit mir selbst. Meine rechte Hand ruhte auf dem Gesäß meiner blinkenden Prinzessin, meine Linke hielt einen Krug Hanöversch naturtrüb, die Stimmung schwappte ihrem Zenit entgegen, ebenso die hypnotische Musik, die mir schon wieder seltsam bekannt vorkam. Ich spürte den Refrain sich nähern wie einen Orgasmus. Auf dem Höhepunkt schnellte meine linke Faust, die – wie mir einen Augenblick zu spät einfiel – ja noch den Bierkrug hielt, in die Höhe und ejakulierte einen knappen halben Liter naturtrübes Biobier in die vor erotischer Anspannung knisternde Luft des Brauhauses. Verzückt schrie ich den Refrain laut heraus: „Bamboleo! Bambolea!"

Über den weiteren Verbleib meines Bieres, das ich bei meinem orgastischen Ausbruch aus den Augen verloren hatte, informierte mich ein kräftig gebauter schwarzgekleideter Herr, der auch gleich freundlich anbot, mich zum Ausgang zu begleiten. Meine Versuche, das kleine Missverständnis auszuräumen, erfuhren keine angemessene Würdigung, und so schlug ich wenige Augenblicke später draußen auf das harte Pflaster auf, wo ich zunächst in embryonaler Kauerstellung liegenblieb, um das Erlebte in Ruhe zu verarbeiten.

Angenehm überrascht bemerkte ich, dass direkt vor meiner Nase zwei klackernde High Heels zu stehen kamen, in denen meine blinkende Prinzessin steckte. Auf meinen Charme war halt noch Verlass, auch in unübersichtlichen Situationen.

Ich fragte die High Heels, ob sie eventuell noch auf einen Kaffee mit zu mir kommen wollten, doch anstelle einer Antwort hörte ich von oben ein Würgen, und kurz darauf splatatterte direkt neben mir eine größere Menge Magenauswurf aufs Pflaster. Nee lassma, hörte ich nun doch ihre Stimme von oben, fühl mich grad nich so. Sie riss sich die Blinkebrosche von der Bluse, schleuderte sie mitten in die Kotzelache neben mir und klackerte in Richtung Taxistand.

Wow, dachte ich, was für eine Frau! Ich schlief ein und träumte voll Zuversicht einem neuen Morgen entgegen.

Hottentotten vor ihrer Mattenhütte

Als ich mich auf der Suche nach Inspiration in meinem gemütlichen Wohnzimmer umsah, fiel mir kurioserweise ein, bei mir sehe es aus wie bei den Hottentotten. Derlei Redensarten gehören eigentlich nicht zu meinem aktiven Wortschatz, so dass ich schlussfolgerte, es müsse sich dabei um die langersehnte Inspiration handeln. Da der Band „H-Ik" meiner 24-bändigen Brockhaus-Enzyklopädie gerade zufällig in Griffweite auf meinem gemütlichen Wohnzimmerteppich lag, schlug ich den lustigen Begriff einfach mal nach:
„Hottentotten, in mehrere Stämme gegliederte, rassisch gemischte Völkerfamilie S- und SW-Afrikas. In ihrer alten Mischkultur vereinigen sich Züge des Wanderhirtentums (Rind, Schaf, auch Ziege) mit jägerischen Buschmannelementen."
Da der Begriff „rassisch" in derselben Mottenkiste meines passiven Wortschatzes einstaubte wie seine Kollegen „völkisch" und „arisch", schaute ich kurz nach dem Erscheinungsjahr des Bandes „H-Ik" und musste erkennen, dass er nur drei Jahre älter war als ich. Das machte mich neugierig auf weitere Erkenntnisse über den damaligen Zeitgeist, den ich ja quasi mit der Nabelschnur aufgenommen haben musste.

Der geschichtliche Teil beschränkte sich auf den Hinweis, die Hottentotten hätten „bis 1909 zahlreiche Kämpfe gegen die Deutschen geführt."

Ob sie mit Holzbooten die ostfriesische Küste belagert und arglose Fischkutter versenkt haben oder von Süden her mit Elefanten über die Alpen nach Bayern vorgedrungen sind (wie Hannibal im Rückwärtsgang), wurde leider nicht erwähnt. Auch ob sie die Kämpfe gewonnen oder verloren haben, blieb zunächst unklar, konnte aber aufgrund des folgenden Satzes vermutet werden: „Die Hottentotten sind heute Christen."

Weiter ging's mit der hottentottischen Architektur. Charakteristisch seien ihre Hütten aus Matten, die über einem Gestänge befestigt würden. Dazu spendierte der Brockhaus ein Bild mit der überraschend musikalischen Unterschrift „Hottentotten vor ihrer Mattenhütte".

Zum Schluss lehnte sich der Brockhaus noch einmal ziemlich weit aus dem Fenster: „Nach den Rassenmerkmalen werden Hottentotten mit Buschmännern als Khoisanide zusammengefaßt und von den Negriden Afrikas abgetrennt. Äußerlich ähneln sie in vielem den Buschmännern: starke Lendenlordose, faltig-schlaffe Haut im Alter, Fettsteiß, Hottentottenschürze (Verlängerung der kleinen Schamlippen)."

Die Lendenlordose stellte sich nach kurzer Online-Recherche (Band L konnte ich gerade nicht finden) als Fachvokabel für einen hervorstehenden Popo heraus. Die faltig-schlaffe Haut im Alter ließ mich ebenfalls staunen, aber mit der Hottentottenschürze hatte der Brockhaus für meinen Geschmack den Vogel abgeschossen. Dass die Kolonialherren besonderes Interesse an den Geschlechtsorganen ihrer Opfer hatten, überraschte mich nicht. Bemerkenswert fand ich dagegen, dass der ehrwürdige Brockhaus diese pornografische Sichtweise aus den sabbernden Vergewaltigungsberichten der heimgekehrten Konquistadoren so unverblümt übernommen hatte.

In welch peinliche Situation brachte er damit die Großmutter, die auf die Frage der Enkel, wer denn diese Hottentotten seien, von denen sie dauernd spreche, mal nicht die bewährte Geschichte von Negerkindern in Baströckchen erzählte, sondern zum Brockhaus griff, im Vertrauen darauf, dort eine seriöse Erklärung zu finden?

„Oma, was sind Schamlippen?"

„Oma, haben Hempels unterm Sofa auch verlängerte Schamlippen?"

„Die Brockhaus Enzyklopädie" – lernte ich auf brockhaus.de – „vereint objektives und gesichertes Wissen in gewohnter Brockhaus-Qualität mit perfekter buchbinderischer Hand-werkskunst. Jeder einzelne Band ist ein Meisterwerk der Sinnlichkeit und Haptik." – Dass Großmutter eine andere Vorstellung von Sinnlichkeit hatte als die Kolonialherren, wurde dabei wohl nicht berücksichtigt.

Vielleicht las Oma aber auch regelmäßig die „Bild"-Zeitung. Dann war sie daran gewöhnt, dass objektives und gesichertes Wissen mit pornografischen Betrachtungen garniert wird.

Von den 32 Zeilen, die der Brockhaus den Hottentotten widmet, beschäftigen sich elf mit den Rassenmerkmalen und davon zwei mit Gesäß und Geschlechtsorganen. Rechnet man das hoch auf die 30 Seiten, die zum Beispiel die Engländer einnehmen, müssten dort allein zehn Seiten für Rassenmerkmale, davon zwei Seiten für Gesäß und Geschlechtsorgane reserviert sein.

Sich über zwei ganze Brockhaus-Seiten hinweg mit den spezifischen Eigenarten der Gesäße und Geschlechtsteile der Engländer auseinanderzusetzen, ohne den sachlichen Brockhaus-Stil zu brechen und dabei in gewohnter Brockhaus-Qualität ausschließlich objektives und gesichertes Wissen zu vermitteln, schien mir eine journalistische Herausforderung allererster Kajüte zu sein, der ich mich natürlich sofort stellte.

Um schon mal warm zu werden mit meiner neuen Aufgabe, erdachte ich als erstes zwei Bildunterschriften, die den musikalischen Ansprüchen der Brockhaus-Bildunter-schriften-Redaktion mit Sicherheit gerecht geworden wären. Die Bilder dazu mag sich der geneigte Leser selbst erdenken:

Abb. 1: Britenfrau mit Holz vor der Hütte

Abb. 2: Fetter Brite hinter stattlicher Latte

Über die Gefahren von selbstaufgezeichneten Klingeltönen in Kombination mit Bier und Bulettenbrötchen

„Der Lokführer bitte mal für den Zugchef!"
Diese Durchsage kommt jetzt schon zum vierten Mal und das beunruhigt mich etwas. Warum wird der Lokführer ausgerufen? Der wird doch nicht zwischendurch mal im Bistro ein Bierchen zischen!
Während ich noch darüber nachdenke, ertönt ein paar Sitze weiter plötzlich unschöner Lärm. Irgendein DJ lässt uns wissen, er sei der Anton aus Tirol. Früher waren solche akustischen Belästigungen in der Bahn ein sicheres Zeichen für eine mitreisende Schulklasse oder einen weinseligen Kegelclub. Diesen Gefahrengruppen konnte man ausweichen, man konnte einfach in einen anderen Waggon wechseln. Seit der Erfindung des Mobiltelefons jedoch kann das lärmende Inferno überall lauern.
Zum Beispiel in der Handtasche einer Rentnerin, die sich ihr neues Händi von ihrem Enkel hat einrichten lassen – Omi, ich stell dir das mal alles richtig ein, du brauchst dann nur noch telefonieren, ne – Jaja, Junge, mach das mal, das ist lieb von dir. In der Tat fängt nun die ältere Dame schräg gegenüber an, in ihrer Handtasche zu wühlen. Nach gefühlten 37 Be-

teuerungen des debilen DJs, er sei der Anton aus Tirol, nimmt sie endlich das Gespräch entgegen.

Die meisten peinlichen Dinge, zum Beispiel seinem Sitznachbarn sein Getränk über die Hose zu schütten oder ihm ein halb zerkautes Wurstbrot ins Gesicht zu spucken, waren auch schon vor hundert Jahren jedem Bahnreisenden als unbedingt zu vermeidende Peinlichkeit bewusst. Die Erkenntnis des Mobiltelefons als Peinlichkeitsquelle, sei es ein hässlicher Klingelton, seien es Gesprächslautstärke, Gesprächsthema und insbesondere eine ungünstig gewählte Kombination aus Lautstärke und Thema, ist im Bewusstsein vieler Bahnreisender noch nicht so fest verankert.

„Der Lokführer bitte mal für den Zugchef!"

Jetzt werde ich doch nervös, am Ende ist der Lokführer ein Terrorist und will den Zug in ein Atomkraftwerk steuern. Um meine Angst zu bekämpfen, gehe ich ins Bistro und bestelle ein Bier. Der Typ an der Bar versucht mir ein Bulettenbrötchen aufzuschwatzen, das sei in Kombination mit dem Bier total günstig, vorausgesetzt ich würde ein Gezapftes null-fünf nehmen, Menü-Sparpreis oder so. Ich erinnere mich, dass man in Gefahren-situationen immer auf das Personal hören soll, und nehme das blöde Bulettenbrötchen, obwohl ich gar keinen Hunger habe und eigentlich Vegetarier bin. Ich bezahle zwölf Euro und freue mich über das Schnäppchen.

Auf dem Rückweg fällt mir wieder ein, warum ich eigentlich ein Flaschenbier wollte. Mit einem vollen Bierglas in der einen und einem Bulettenbrötchen mit Senf in der anderen Hand stolpere ich durch die Gänge. Um die Situation ein wenig zu entschärfen, bleibe ich zwischendurch kurz stehen, trinke schon mal etwas Bier ab und beiße ins Bulettenbrötchen. Die Leute glotzen mich blöd an, einer rollt sogar anklagend mit den Augen.

Diese Spießer, denke ich gerade, als der Zug in eine Kurve fährt und mir kurz das Gleichgewicht nimmt. Einem ernst blickenden Herrn in dunklem Anzug schwappt dabei ein kleines Schlückchen meines Biers auf sein Notebook. Oh, Empfulligung, sage ich und spucke ihm dabei noch etwas Bulettenmasse ins Gesicht. Als ich versuche, ihm diese mit der Serviette von der Wange zu wischen, fuchtelt er wild mit den Armen und verscheucht mich unter groben Beschimpfungen.

Als ich endlich meinen Waggon erreiche, ist schon von weitem lautes Husten zu hören. Klingt, als sei da auch Auswurf dabei. Bestimmt mein Sitznachbar, denke ich, der sah eh schon nicht gut aus. Als ich das Großraumabteil betrete, muss ich plötzlich an Kurt Wischmeyer denken. Der Kurt ist bis vor kurzem mein Freund gewesen. Jetzt ist er der Freund meiner Freundin.

Weil ich Konflikte nicht gern direkt austrage, habe ich mir etwas ganz Subtiles für den Kurt überlegt:

Ich habe nämlich in meinem Mobiltelefon einen speziellen Klingelton gespeichert, der nur dann erklingt, wenn der Kurt anruft. Den Klingelton habe ich selbst aufgezeichnet, und zwar handelt es sich um ein Hustenanfall-Crescendo, das in einem fulminanten Göbelsolo kulminiert. Zum Glück hat der Kurt seitdem nie angerufen.

Nur in diesem Moment, als ich gerade in der Mitte des Großraumabteils angekommen bin und das, was ich für den Hustenanfall meines Sitznachbarn gehalten habe, in einem fulminanten Göbelsolo kulminiert, beschleicht mich eine böse Ahnung. Wieder glotzen mich alle an. Dummerweise habe ich ja keine Hand frei, und das Göbelgeräusch aus meiner Hosentasche wird immer lauter und leider auch ekliger. Weil jetzt auch noch allgemeines Augenrollen und Kopfschütteln einsetzt, fällt mir in meiner Not nichts Besseres ein als das Bulettenbrötchen zwischen Daumen und Bierglasrand einzuklemmen und mit der so frei gewordenen Hand nach dem Telefon zu nesteln. Auf dem Display steht „Arschloch", ich nehme ab und sage: „Hallo Kurt!"

Der Kurt hat tatsächlich die Stirn, mich um Rat zu fragen wegen seiner Freundin, die ja eigentlich - was er anscheinend schon vergessen hat - meine Freundin ist. Angesichts solch krasser Dreistigkeit bekomme ich einen Wutanfall, brülle meine ganze von Eifersucht und Trennungsschmerz triefende Liebesgeschichte ins Telefon und schleudere schließlich das unselige Gerät gegen die Abteilwand.

Bei meinem Wutanfall ist mir das Bulettenbrötchen ins Bier gefallen. Alle gucken jetzt betreten weg. Wahrscheinlich haben sie Angst vor meiner Bier-Buletten-Bowle. Nur die alte Dame mit dem Anton-aus-Tirol-Klingelton sieht mich verständnisvoll an, tätschelt meinen Unterarm und sagt: „Ach, junger Mann, das wird schon wieder. Ein so attraktiver und weltgewandter Bursche wie Sie, der findet doch schnell eine neue Freundin."

Walküren auf Plutonium

Ich habe meine S-Klasse ins Halteverbot gestellt und sitze mit meinen Leuten im teuersten Nachtclub der Stadt. Gerade haben wir die örtlichen Stadtwerke gekauft und sind gehobener Stimmung. In schönster Schampuslaune beschließen wir, als nächstes den örtlichen Fußballclub zu kaufen. Weil ich ein investigativer Typ bin, bekomme ich den Auftrag, herauszufinden, wie der Club heißt. Voll Euphorie leere ich eine Flasche Dom Pérignon und feuere meinen Fahrer. Das Gefühl, sich eine Stadt Untertan zu machen, stellt sich unmittelbarer ein, wenn man selbst fährt, selbst das Gaspedal zum Anschlag tritt, dabei auf voller Lautstärke Wagner hört, auf die Hupe drückt und zusieht, wie der Pöbel verängstigt wie scheue Karnickel auseinanderstiebt.

Die Sache mit dem Fußballclub vergesse ich gleich wieder, Fußball ist langweilig. Außerdem haben wir das nicht nötig, denn wir sind ein großes Unternehmen der Energiewirtschaft und könnten die ganze Welt zuscheißen mit unserem Geld. Unsere Kernreaktoren sind die reinsten Goldesel, erst recht seit unser parlamentarischer Arm bei den Wahlen so fulminant reüssiert hat. Den Wahlkampf könnten wir locker aus der Portokasse zahlen, aber das wäre bilanztechnisch heikel. Mit Parteien kann man auch nicht arbeiten, eine Partei ist wie ein Haufen aufgeschreckter Hühner. Auf einem kleinen Umtrunk im

Kanzleramt lässt sich viel ungezwungener über die Dinge reden als auf einem Parteitag.

Viel wichtiger als der schnöde Wahlkampf sind die Radio- und Fernsehsender und die mögen uns. Weil wir ihre besten Kunden sind, sind sie so freundlich, dem Pöbel in wissenschaftlichen Sendungen die Sinnlosigkeit des Energiesparens nahezubringen und auf die mangelnde Reife und die hohen Kosten dieser ganzen Solarzellenkacke hinzuweisen.

Für die Kernenergie haben wir uns den Begriff „Brückentechnologie" ausgedacht, um den Eindruck zu erwecken, wir würden die Dinger irgendwann wieder abschalten.

Gleichzeitig versprechen wir den Leuten mit schönen, also wirklich wunderschönen Naturbildern, die von wirklich wunderschöner Musik unterlegt sind, dass wir für sie nach neuen Energiequellen suchen. Mir kommen jedes Mal die Tränen, wenn ich diesen Spot sehe und dabei an unsere wunderschönen Kernreaktoren denke. Außer Naturbildern zeigen wir auch gerne niedliche Kinder: „Papa hat gesagt, der Strom muss auch schlafen. Aber guck mal, nachts ist der Strom im Kühlschrank."

Kinder sind so süß. Ich habe auch eine Tochter. Ein kleines Missgeschick mit einer Sekretärin vor ungefähr 15 Jahren. Meine arme Tochter, zu der ich leider keinen Kontakt habe, ist anscheinend diesen Weltverbesserern in die Fänge geraten. Sie kettet sich mit irgendwelchen anderen Idioten an irgendwelche

Bahngleise, nur um unsere Transporte ein paar lächerliche Tage zu verzögern. Der moralisierende Gesinnungsterror dieser Gutmenschen ist kaum auszuhalten.

Manchmal habe ich einen bösen Traum. Eines unserer edlen und liebreizenden Kernkraftwerke wird von arabischen Terroristen gekapert, die dann gezielt eine Kernschmelze provozieren, einen Super-GAU. In meinem Traum bin ich Vorsitzender des Konzernvorstands und trage die süße Last der Verantwortung. Einige Tage nach der Katastrophe gehe ich mit Repräsentanten aus Wirtschaft und Politik durch eine verseuchte Großstadt, die für immer eine Geisterstadt sein wird. Natürlich sind unsere Fernsehleute dabei und produzieren die Bilder, die das Volk jetzt sehen will. Bilder von Männern, die anpacken, um das Land wieder aufzubauen. Für das Gejammer der Ökos ist nun echt keine Zeit mehr, jetzt sind Taten gefragt.

Auch wenn ich im Strahlenanzug ziemlich schwitze und das Sprechen durch die Schutzmaske mühsam ist, wende ich mich mit einer kleinen Rede an unser Fernsehpublikum:

„Demokratie und Bürgerrechte sind große Errungenschaften unserer Zivilisation. Auch uns sind diese Werte sehr wichtig. Aber in einem schweren nationalen Notstand wie diesem müssen wir und muss auch die Regierung Einsicht in die Notwendigkeiten haben. Zur Überbrückung dieser für uns alle schweren Zeit wird eine autoritäre Staatsform der einzig vernünftige Weg sein, übergangsweise, als Brückenstaatsform."

Auf dem Opernplatz begegnen wir einer Gruppe Atomkraftgegner, die ein paar zerfetzte Transparente hinter sich her schleifen. Im Gegensatz zu uns tragen die Deppen keine Strahlenschutzanzüge. Sie sehen nicht mehr sehr gut aus. Und obwohl ich um ihre unpatriotische und uneinsichtige Haltung weiß, reiche ich ihnen in einem Akt staatsmännischer Großherzigkeit die Hand.

„In schweren Zeiten wie diesen müssen wir alle zusammenhalten. Ich kenne keine Parteien mehr, ich kenne nur noch Deutsche."

In einer der verirrten Jugendlichen erkenne ich meine Tochter, was natürlich nur im Traum passieren kann, denn in echt habe ich keine Ahnung, wie sie aussieht. Von der Strahlenkrankheit schwer gezeichnet sinkt sie zu Boden. Ich knie vor ihr nieder und nehme sie in meine Arme. Schwer atmend höre ich mich durch meine Strahlenschutzmaske sagen: „Ich... bin... "

Dann verliere ich den Faden und drehe ich mich um zu meinen Leuten. Während mein Schutzanzug jetzt schwarz ist und mein Helm auch irgendwie cooler aussieht, tragen die anderen noch ihre weißen Strahlenanzüge, deren Brust unser Konzernlogo ziert. Sie stehen in Reih und Glied, heben den rechten Arm und rufen: „Heil!"

Oder „Geil"? Rufen die „Geil"? Plötzlich werde ich von der Seite angerempelt, und zwar von meinem Fahrer, den ich vorhin gefeuert habe. Er sitzt neben mir auf einer Ledercouch in unserem Nachtclub. Die Sau hat mich geweckt. Kein Super-GAU, keine Weltherrschaft, Scheiße. Er boxt mich in die Seite, zeigt auf eine Tänzerin und ruft: „Geil! Geil! Guck dir den geilen Arsch an!"

Ich nehme eine Flasche Dom Pérignon und zerschlage sie auf seinem Kopf, was ihn endlich verstummen lässt. Erst jetzt merke ich, was ihn am Gesäß der Tänzerin so erregt hat. Auf ihrer linken Arschbacke trägt sie einen Sticker mit einer lachenden Sonne und der Aufschrift: „Atomkraft? Nein Danke!"

Heterogene Vortrefflichkeitsverteilung auf der Dornröschenbrücke
oder: Geschichtsvergessenheit defensiver Familienplaner(innen)
oder: Unentschlossenheit bei Überschriftenverfassern

Mich ereilte kürzlich die folgende zweckfreie und rein akademische Überlegung: Wenn der vortrefflichste und der zweitvortrefflichste Stadtteil der Welt durch eine Brücke miteinander verbunden wären, dann müssten – wenn es mit rechten Dingen zuginge – auf dieser Brücke die vortrefflichsten Menschen der Welt anzutreffen sein. Oder?
Die Dornröschenbrücke, die Linden und Nordstadt verbindet, besteht verkehrstechnisch betrachtet aus zwei Hälften. Die Trennlinie ist dabei nicht die auf dem höchsten Punkt der Brücke quer verlaufende Stadtteilgrenze. Die ist allenfalls für Gemüsewerfer relevant. Die verkehrstechnisch relevante Trennlinie verläuft längs der Brücke und teilt sie auf in Radweg und Fußweg. Von der Nordstadt aus betrachtet bildet die rechte Brückenhälfte den Fahrradweg und die linke den Fußweg. Die weiße Linie, welche die physische Repräsentanz dieser ideellen Trennung bildet, ist allerdings kaum noch zu erkennen. Langjährige Brückenbenutzer haben ihren Verlauf aber

derart verinnerlicht, dass ihnen ein Überqueren der gedachten Linie nur unter Qualen möglich ist.

Neulich fuhr ich mit dem Fahrrad über die Dornröschenbrücke in Richtung Linden und hielt mich dabei vorschriftsmäßig auf der rechten Seite. Links neben mir fuhr eine weibliche Begleitperson meiner Wahl (die zufällig Lindenerin ist) und über uns kreischten die Möwen ihre atonalen Lieder in den Wind. Die sonnige und ja irgendwie auch maritime Idylle wurde plötzlich gestört durch eine entgegenkommende Radfahrerin, die frontal auf meine Gefährtin zuhielt und keine Anstalten machte, auszuweichen. Die unsichtbare Trennlinie hatten wir noch nicht recht verinnerlicht. Sie aber schon. Erst in letzter Sekunde wich sie auf die menschenleere Fußgängerspur aus, nicht ohne noch einen bösen Fluch loszuwerden: „Lern erstmal Fahrradfahrn, Mädchen!"

„Ach", fragte ich meine so gescholtene Gefährtin, „sind das jetzt diese Lindener?" – „Aber nein", erwiderte sie, „die Dame ist sicher nicht repräsentativ, sowas kann auch dem vortrefflichsten Stadtteil mal passieren. Vielleicht kommt sie ja auch aus der Nordstadt und ist auf dem Heimweg." - Das konnte natürlich möglich sein, daher wechselte ich schnell das Thema.

Wenige Tage später, gleiche Brücke, gleiche Ausgangslage, wir nichts Böses ahnend mit dem Fahrrad völlig korrekt auf der rechten Brückenhälfte in Richtung Linden unterwegs. Plötzlich hinter uns aufgeregtes Klingeln. Ein junger Mann mit Vollbart (sic!) nähert sich auf dem Fahrrad mit hoher Geschwindigkeit, will uns überholen, müsste dazu aber, weil wir mal wieder so raumgreifend dahinschlingern, auf die andere Seite ausweichen, müsste die unsichtbare Linie, die nicht gequert werden darf, queren. Was ja nicht möglich ist, also klingelt er uns zur Seite und balanciert auf der gedachten Linie entlang, so gerade eben das Gleichgewicht haltend, an uns vorbei und wirft uns im Rückspiegel (sic!) noch einen bösen Blick zu.

Wer jetzt denkt: „Die vortrefflichsten Menschen der Welt – von wegen! Diese Brücke scheint doch eher ein Wallfahrtsort spießiger StVO-Nazis zu sein!", dem sei mitgeteilt, dass ich dort auch schon so vortreffliche Menschen wie Holger, Kathi, Kersten, Maya, Wolf und Angela getroffen habe.

Im letzten Jahr waren zeitweise sogar vortrefflich bepflanzte Blumenkästen am Brückengeländer angebracht, also sind auch die Damen und Herren von der Gardening Guerilla dort gewesen, die sich die ehrenwerte und vortreffliche Aufgabe gegeben haben, die Stadt mit den Waffen der Natur zu verschönern.

Höchst unvortrefflich dagegen der Anblick der Blumenkästen ein paar Tage später: Sie waren übers Geländer hinweg ausgekippt worden und hingen trostlos und leer über dem Fluss, die Öffnung nach unten gerichtet.

„Was sind das bloß für Menschen, die sowas machen?", ist man geneigt, kaum hörbar in sich hineinzugrummeln. Das machen doch nur Arschlöcher, und wer sowas macht, macht auch noch viel schlimmere Sachen, z.B. Leute ausrauben und die Beute an den ADAC spenden oder an Al Kaida.

Hat man sich nicht im Griff, ist man schnell so weit, zu sagen: „Ach, ach, ach! Was ist das doch für eine schlechte Welt, in der wir leben!"

Und wenn man mit Menschen zu tun hat, die gerade mit Familienplanung beschäftigt sind, hört man gern auch mal folgenden Satz (insbesondere vom eher skeptischen Teil des vielleicht angehenden Elternpaars): „Kann man heutzutage überhaupt noch guten Gewissens Kinder in die Welt setzen?"

Was sind das bloß für Menschen, die sich fragen, ob man in der heutigen Zeit noch guten Gewissens Kinder in die Welt setzen könne? Die Antwort liegt auf der Hand: Es sind Menschen, die in Geschichte nicht aufgepasst haben.

Auch wenn in meinem Fall der Geschichtsunterricht genau wie alle anderen Fächer unter meiner geringen Aufmerksamkeitsspanne zu leiden hatte, meine ich doch behaupten zu können, dass keine einzige Epoche der Vergangenheit sich mit der Gegenwart messen kann, vortrefflichkeitstechnisch. Da muss ich mal eine Lanze brechen für die Gegenwart.

Man möchte diese Früher-war-alles-besser-Pupsies fragen: Welche Epoche wäre denn wohl recht gewesen für eure Kinder? Wenn ihr mal so im Selbstbedienungsladen der Geschichte vor dem reich gefüllten Epochenregal stündet? Hättet ihr euch für euren Nachwuchs eher eine Karriere als Gladiator im Circus Maximus vorgestellt? Oder als Inquisitor im Mittelalter? Oder als Hexe auf dem Scheiterhaufen (wenn's ein Mädchen wird)? Oder als Fabrikarbeiter im 19. Jahrhundert? Oder soll es lieber das zwanzigste Jahrhundert sein? So ein, zwei Weltkriege werden dem Kind schon nicht schaden oder wie? Da verweichlicht es jedenfalls nicht.

Und was soll am Rest des vorigen Jahrhunderts so vortrefflich sein? Die autogerechte Stadt? Plattenbauten? Modern Talking? Großraumbüros? Helmut Kohl? Milli Vanilli?

Während meine Gedanken so abschweifen, laufen mir zwei schlecht erzogene Kinder direkt vor's Fahrrad. Ich bin zu einer Vollbremsung gezwungen und will klingeln, aber die Klingel geht mal wieder nicht. Sie macht nur klack klack, also rufe ich: „Hey, das is der Radweg hier! Ihr Kackbratzen! Lernt erstmal Verkehrsregeln!"

Die Mutter der beiden zeigt mir im Vorbeigehen den Stinkefinger. Das macht mich wütend. Als wäre ich schuld, dass sie ihren Blagen keine Verkehrsregeln beigebracht hat. Das macht mich so wütend, dass ich ein paar Blumentöpfe umtrete, die irgendein Depp am Wegesrand stehengelassen hat.

Das physische Abreagieren der angestauten Wut wirkt Wunder, es geht mir gleich besser. Ganz vortrefflich, denke ich. Ein ganz vortrefflicher Tag heute.

Rendezvous mit Bierdeckel und offenem Ende

Der Abend hatte vielversprechend begonnen. Ich blickte in geheimnisvolle Augen, geheimnisvoller als bei jedem meiner bisherigen Blind Dates, und wunderschöne Lippen, die anmutige Worte formten, anmutiger als bei jedem meiner bisherigen Blind Dates.

Zwischen uns auf dem Tisch lag ein Bierdeckel, und was sich dort auf dem kleinen quadratischen Filz abspielte, war unerhört spannend und gab mir Anlass zu der Vermutung, dass meine Erwartungen an diesen Abend deutlich übertroffen werden könnten.

Ich hatte mir angewöhnt, bei Rendezvous dieser Art aus dem Attraktivitätsquotienten (also ihrer Attraktivität geteilt durch meine Attraktivität) eine rasche Prognose für den weiteren Verlauf des Abends abzuleiten. Je näher der Wert bei eins lag, was quasi ein Attraktivitäts-Patt bedeutete, desto besser standen die Chancen auf einen vortrefflichen Fortgang der Dinge.

Die Frau, die mir gerade gegenübersaß, war mir an Schönheit, Intelligenz, Bildung und Wortgewandtheit so deutlich überlegen, dass ich den Attraktivitätsquotienten auf circa zwölf taxierte. Ich stellte mich auf einen baldigen freundlichen Abschied ein und versuchte, mir bis dahin alles genau einzuprägen, ihr schönes Gesicht, die symmetrisch fließende

Bewegung ihrer magischen Lippen, den warmen Klang ihrer Stimme. Nach dem Date würde ich einen Club meines Vertrauens aufsuchen und mir dort auf der Tanzfläche mit geschlossenen Augen die gespeicherten Eindrücke in Erinnerung rufen, eine Bierflasche an mein Herz gedrückt.

Ich habe mal aufgeschnappt, dass intelligente Menschen das gesamte Gesicht ihres Gegenübers visuell erfassen, ihre Augen also dauernd in Bewegung sind. Je weniger intelligent ein Mensch ist, desto mehr beschränkt sich sein Blick auf die Augen des Anderen.

Mein Blick war gerade sehr viel unterwegs zwischen ihren Augen, ihren Lippen, ihrem Hals – und immer öfter auch ihrem Dekolleté. Meine Intelligenz nahm also im Lauf des Abends noch zu. Habe auch mal gelesen, dass der Anblick eines schönen Dekolletés eine für den männlichen Hormonhaushalt sehr günstige und gesundheitsfördernde Wirkung haben soll. Und ich komme langsam in ein Alter, in dem man echt mal auf seine Gesundheit achten sollte.

So hätte ich angenehm entspannt schöne Eindrücke für tristere Zeiten sammeln können wie einst die kleine Maus Frederick, bis Bier und Gespräch erschöpft gewesen wären. Wenn sie nicht dieses delikate Thema angeschnitten hätte. Sie war gerade dabei, mit einem Kugelschreiber auf dem erwähnten Bierdeckel die genauen Positionen ihrer Intim-Piercings zu skizzieren. Das irritierte mich außerordentlich. Wie sollte ich mich entspannen, während sie ihre Muschi auf einen Bierdeckel malte? Leider hatte ich auch vergessen, wie wir auf das Thema Intim-Piercings gekommen waren. Das hätte ich mir gern notiert, fürs nächste Blind Date.

Vom praktischen Teil ging sie umweglos zum philosophischen über und warf die Frage auf, was das eigentlich für einen Sinn mache, dass Frauen sich so mühevoll schmückten und schminkten, wo Männer doch sowieso alles vögeln wollten, was nicht bei drei auf den Bäumen sei. Während sie sich noch über ihr subtiles Wortspiel mit dem Vögeln und den Bäumen amüsierte, hub ich an zu erklären, es sei ja durchaus von Vorteil, vögeltechnisch flexibel zu sein, denn so könne man seine Partnerin nach Sympathie, Intelligenz und Vermögen auswählen. Frauen dagegen seien sexuell ja auf grunzende Alphamännchen fixiert und dadurch zu Kompromissen gezwungen, wenn sie auch mal einen intelligenten oder gar warmherzigen Mann wollten.

Ich erkannte an ihrem Blick, dass ich dabei war, mich um Kopf und Kragen zu reden. Mein Vortrag stockte kurz und sie erklärte, das Alphaweibchen müsse sich jetzt mal die Nase pudern, das Betamännchen möge sich einen Moment gedulden, stand auf und ging zur Toilette.

Ich fragte mich, wie ich aus dieser Alpha-Beta-Rollenverteilung wieder rauskam, studierte derweil den Bierdeckel und überlegte, wie ich ihn nachher unauffällig einstecken könnte. Die Warterei zog sich ein wenig hin und ich begann zu vermuten, das Alphaweibchen hätte sich wohl eines größeren Geschäfts angenommen. Mir kam die Szene aus dem Film „City Slickers" in den Sinn, in der Alphamännchen Jack Palance verächtlich auf Betamännchen Billy Crystal hinabschaut und erklärt: „Ich scheiß größere Haufen als du."

In diesem Moment kam die Kellnerin, räumte die Biergläser weg und fragte mich, ob noch zwei weitere Biere gewünscht seien. Als ich mich nach kurzem Zögern für eine optimistische Prognose entschied und bestätigte, zwei weitere Biere seien auf jeden Fall mindestens noch indiziert, fiel mir auf, dass ihr Blick an dem bemalten Bierdeckel in meiner Hand hängengeblieben war. Sie machte „Mh-hm", grinste komisch und schwebte hinfort.

Nach einer Weile machte ich mir Sorgen, ob meiner Verabredung etwas zugestoßen sein könnte. Ich schlenderte in Richtung Toilette, um nachzusehen, ob sie vielleicht dabei war, im Postkartenständer nach frivolen Motiven zu suchen, um mich damit aufs Neue zu irritieren. Diese Befürchtung, die eigentlich eher eine Hoffnung war, erfüllte sich nicht, sodass ich also rein musste ins unerforschte Reich der Damentoilette. Immerhin ging es vielleicht um Leben und Tod. Am Ende lag sie hilflos in ihrer Kabine, weil sie es beim Nasepudern zu gut gemeint hatte. Das war nicht auszuschließen, also stieß ich mutig die Tür auf zu dieser unbekannten Welt.

Zwei Kabinen waren besetzt. Ich hatte mir noch keinen brauchbaren Plan zurechtgelegt, als schon eine der Kabinen sich öffnete und eine Frau heraustrat, die mich sogleich komisch ansah. Ich erklärte, vor dem Männerklo sei eine ziemlich lange Schlange gewesen. Weil sie daraufhin noch komischer schaute, schob ich nach, dass ich außerdem mal nach meiner Tochter schauen wollte, die sei nämlich grad zum ersten Mal allein auf einem öffentlichen Klo. Noch komischer konnte sie wohl nicht gucken, also machte sie „Mh-hm". Erst jetzt fiel mir auf, dass es sich um die Kellnerin handelte, die sich eben noch über unseren Bierdeckel amüsiert hatte.

Als sie endlich mit einem abschließenden „Mh-hm-mh-hm" den Raum verlassen hatte, sprang auch schon die zweite Kabinentür auf und heraus kam sie, mittlerweile etwas übellaunig, was mich schon fürchten ließ, die zweite Runde Bier allein trinken zu müssen. Sie fragte mich, was ich denn hier drin wolle, das sei immerhin das Frauenklo; schob aber zu meiner Verblüffung nach, sie hätte nicht schneller rausgekonnt, weil ihr da drin versehentlich ein Riesenfurz entfahren sei und sie abwarten wollte, bis die anderen weg waren, damit sie als Urheberin nicht erkannt würde.

Nach diesem Vorfall erschien sie mir gleich ein bisschen irdischer, und auf dem Weg zurück zu unserem Tisch schlug sie sogar vor, noch eine zweite Runde Bier zu bestellen. Sie erklärte, sie habe auf der Toilette ja etwas Zeit für wissenschaftliche Betrachtungen gehabt und sei dabei auf die interessante Frage gestoßen, ob Bier vielleicht auch deswegen so ungemein bekömmlich sei, weil es im Zuge der Verdauung seine Farbe gar nicht ändern müsse.

Zum Glück brach sie diese zweifellos hochinteressante Betrachtung ab und ließ stattdessen ihre schönen Augen aufleuchten, als die Mh-hm-Kellnerin mit den von mir in kluger Voraussicht bestellten Bieren an unseren Tisch kam. Die Mh-hm-Kellnerin hatte anscheinend zwischenzeitlich Mh und Hm zusammengezählt und fragte uns beim Abstellen der Biergläser mit einem übertrieben breiten Grinsen, wie es denn so gewesen sei, das erste Mal auf einem öffentlichen Klo. Mein Alphaweibchen blickte erst sie und dann mich höchst irritiert an. Es wurde noch einmal spannend!

Der kleine Leopold möchte aus der Kakaoplantage abgeholt werden

Ich habe mein fettes Angeberauto ins Halteverbot gestellt und sitze mit meinen Leuten im teuersten Nachtclub der Stadt. Es gibt was zu feiern, wir haben mal wieder eine Schokoladenfabrik gekauft, eine ehedem stolze Traditionsmarke, die nun in unser Markenportfolio integriert wird. Unsere Werbeleute sind heute Abend auch dabei, denn sie werden die Aufgabe haben, das angestaubte Marken-Image ein wenig zu polieren.

Ich mag die Werbeleute. Für die hässlichsten Dinge erfinden sie die wunderschönsten Wörter. Sie machen aus unserem Geschäft eine edle Angelegenheit. Die zarteste Versuchung seit es Schokolade gibt. Danke heißt Merci. Ich geb mir die Kugel. Aber den ersten, den ess ich immer noch sofort. Ja, die Yogurette, die macht so himmlisch dick, Mann, sind die Dickmann.

Aber auch in anderen Märkten wirkt ihre verbale Schöpfungskraft wahre Wunder. Mein Wagen zum Beispiel, ein riesengroßer Geländewagen, der noch nie den Asphalt verlassen hat und einfach ein fettes Angeberauto ist, heißt natürlich nicht FAA für Fettes Angeberauto, sondern SUV. Das bedeutet „Sports Utility Vehicle", zu deutsch in etwa „sportliches Nutzfahrzeug". Ein wichtiges Stilmittel der Werbesprache ist, eine nicht so schöne Sache als das Gegenteil von dem zu bezeichnen, was sie eigentlich ist. Das haben die von den Kommunisten abgeguckt. Ein SUV ist etwa so viel Nutzfahrzeug wie die DDR eine Republik war und ungefähr so sportlich wie die DDR demokratisch.

Genau genommen ist ein SUV die unsportlichste Art der Fortbewegung, die man sich denken kann. Sowohl im eigentlichen Sinne, denn man sitzt ja darin und bewegt sich kein bisschen, aber auch im übertragenen Sinne, denn ein wesentlicher Kaufanreiz bei einer so fetten Karre besteht ja darin, dass im Fall einer Kollision immer die anderen hopsgehen und nicht man selbst.

Bei uns im Vorstand fahren alle SUV. Ich finde, ein SUV passt zu mir, es betont meinen Charakter. Aber ich schweife ab. Unser Geschäft ist die wunderbare Welt der Schokolade. Da können sich die Werbefuzzis so richtig austoben und sich die allerschönsten Namen ausdenken und die absurdesten Bilder dazu erschaffen. Lila Kühe zum Beispiel. Oder Schwergewichtsboxer, die Milchschnitten knabbern.

Aber auch unsere Einkaufsabteilung leistet wichtige Arbeit. Die Kakaobohnen, aus denen wir unsere Schokolade herstellen, importieren wir hauptsächlich aus Westafrika, und da werden bei der Ernte gern Kindersklaven eingesetzt. Die kosten so um die 200 Dollar pro Stück. Und das ist nicht der Monatslohn, das ist der Kaufpreis. Man kann Lohnkosten nicht effizienter senken als mit Kindersklaven.

Aber nicht dass Sie was Falsches denken, unsere Arbeit hört hier nicht auf, wir tragen Verantwortung. Auf den Kakaoplantagen wird ja mit giftigen Pestiziden hantiert, und indem wir auf lästige Atemschutzmasken verzichten, können wir den Arbeitern die Rentenversicherung ersparen und senken so auch noch die Lohnnebenkosten. Geniales Konzept, wie ich finde!

Apropos genial: Einer unserer Konkurrenten hat einen Reklame-Coup gelandet, auf den wir immer noch neidisch sind. Sie haben sich eine Marke ausgedacht, die die Produktionsbedingungen einfach mal direkt beim Namen nennt und trotzdem enorm gut ankommt: Kinderschokolade! Einfach mal voll in die Fresse mit der Wahrheit.

Ein anderer Konkurrent zeigt in einem TV-Spot einen Familienvater, der seine Kinder im Garten die Äpfel ernten lässt, dabei selbst Schokolade essend in der Hängematte liegt und erklärt, das Schöne an einer großen Familie sei doch, dass man die Arbeit teilen könne. Das ist fast noch mutiger als die Kinderschokolade.

Unsere drolligsten Konkurrenten sind die mit den Fair Trade Siegeln. Da steht dann GEPA drauf oder Rapunzel und dann fühlen sich die Ökos ganz toll beim Kaufen, weil die Bauern einen fairen Preis für den Kakao bekommen und ihre Kinder nicht in die Sklaverei verkaufen müssen. Tränen der Rührung tropfen mir da in den Schampus.

Der moralisierende Gesinnungsterror dieser Gutmenschen ist kaum auszuhalten! Das Leben ist nun mal kein Ponyhof! Fairer Preis heißt für mich: Das Lohnkostensenkungspotential wurde nicht ausgeschöpft. Das ist unökonomisch! Wer bezahlt denn einsfünfzig für eine Tafel Schokolade, wenn er unsere für den halben Preis kriegt? Kein Wunder, dass fair gehandelter Kakao nur 0,1% Marktanteil hat. Und können 99,9% der Bevölkerung irren? Wohl kaum. Fragen Sie Erich Honecker!

Als wir die fünfte Flasche Champagner köpfen, sind die meisten Kollegen bereits von freundlichen Servicedamen in andere Bereiche des Hauses geleitet worden und ich habe auch schon ordentlich Druck auf dem Kessel. Mon Chéri, rufe ich, guten Freunden gibt man ein Küsschen. Und endlich kommt die schokoladenbraune Lady, der ich schon den ganzen Abend ins Dekolleté glotze, und nimmt mich mit auf ihr Zimmer.

Das wurde auch Zeit, es ist schon spät und ich bin ja nicht mehr der Jüngste. Am Ende schlafe ich wieder kurz vorm Koitus ein. Um ein bisschen anregende Konversation zu machen, spreche ich sie auf ihre merkwürdige Tätowierung an. Sie sagt, das sei noch aus ihrer Zeit als Kindersklavin auf den Kakaoplantagen der Elfenbeinküste. Das Zeichen ihres Eigentümers.

Ah ja, ah ja, schlimm, schlimm, sage ich und verordne mir ein sofortiges Smalltalk-Verbot. Mir fällt auf, dass auf ihrem Schminktisch ein kleines Matchbox-Auto steht, ein SUV, genau mein SUV sogar, und daneben ein goldener Bilderrahmen mit einem Portrait von: Erich Honecker. Spooky, spooky, denke ich noch, als sie mir plötzlich eine blaue Pille hinhält. Gerade will ich mich empören, das hätte ich ja wohl noch nicht nötig, da fällt mir auf, dass sie in der anderen Hand eine rote Pille hält. Außerdem hat sie sich umgezogen und trägt nun einen schwarzen Ledermantel und eine Sonnenbrille.

Du musst dich entscheiden, Leopold, raunt sie mir zu, die rote Pille oder die blaue? Leopold? So hat mich meine Mutter genannt, als ich noch ein Kind war. Es wird immer wärmer hier, ich gerate ins Schwitzen. In der Pillenfrage kann ich mich nicht entscheiden und nehme einfach beide. Mir schwinden die Sinne, plötzlich wird es hell, ich stehe in einer Plantage, um mich herum Kinder, die mit Macheten Kakaofrüchte von den Bäumen schlagen. Vor mir steht meine Mutter und schreit mich an: Leopold, du faule Sau! Mach hin! Du musst dich entscheiden!

Plötzlich bekomme ich einen Schlag an den Kopf und sitze schweißgebadet wieder an unserem Tisch im Nachtclub. Mein Vorstandskollege hält mir zwei Pralinenschachteln hin und lallt mich an: Welche willst du? Du musst dich entscheiden, Mann!

Menno. Wieder eingeschlafen. Wieder nur Schokolade. Auf der einen ist auch noch ein Fair Trade Logo. Ich nehme die andere.

Wie viel Vernunft braucht der Mensch?

Kleines Bühnenstück in drei Aufzügen für zwei Darsteller

Erster Aufzug

Der Leiter der Unterabteilung „Experimentelle Planetensysteme in der Milchstraße" lässt sich von seinem unterbezahlten Assistenten ein Update zum Status der laufenden Projekte geben.

Leiter: Sag mal, Assistent, dieses blaue Dings, wie heißt es noch, das wir da neulich konstruiert haben, mit den Ozeanen und so?

Assistent: Die Erde, Chef?

L: Ja genau, die Erde, wie geht es damit so voran?

A: Ganz prächtig, Chef. Es haben sich komplexe Lebensformen entwickelt, die die Ozeane und auch die Landmasse besiedelt haben. Hier, sieh dir das an, Chef! Wunderhübsch, oder?

L: Jaja, ganz wunderschön. Was ist mit den großen Echsen? Die sahen doch sehr vielversprechend aus. Wie haben die sich so entwickelt?

A: Äh… zunächst ganz prächtig… aber… mir ist da eventuell ein kleines Malheur passiert.

L: Malheur? Hast du sie kaputt gemacht?

A: Naa... mhhhh... nnhh... ja.

L: Etwa auch die mit den kleinen Ärmchen, die so schön fauchen konnten?

A: Ja, kann sein, dass die auch hinüber sind. Das ist mir auch total peinlich, Chef. Aber ich bin da gerade an einer neuen Sache dran, einer ganz großen Sache, also jetzt nicht räumlich groß, sondern eher groß im Sinne erweiterter Möglichkeiten.

L: Hä?

A: Es geht genaugenommen um eine neue raffinierte Zutat. Ich nenne sie Vernunft. Neulich habe ich zum Spaß mal so lustige Nacktaffen entwickelt mit sehr großen Gehirnen. Aber die benutzen sie gar nicht. Nun habe ich mal ein wenig Vernunft injiziert in den brachliegenden Bregen. Bin gespannt auf die Auswirkungen.

L: Na gut. Aber nicht zu viel auf einmal reintun von dem Zeug. Nicht, dass gleich wieder ein Malheur passiert. Zeig mal her die Viecher!

A: Hier, Chef, da sind welche. Sehen jetzt nicht sooo super aus, aber es war schon spät und ich hatte ein bisschen was eingeworfen, du weißt schon.

L: Die sind ja ganz nackt! Und haben so zarte Füßchen und Händchen! Sag mal, haben die gar keine Reißzähne? Und das Fauchen klingt auch eher mitleiderregend.

A: Das ist Husten, Chef. Sie erkälten sich leicht, weil sie ja nackt sind. Aber das wird schon. Sie zeigen auch ein völlig neues Verhalten. Ich habe ihnen ein Foto von dir hingehalten, das von der Firmenfeier damals, wo du den lustigen Rauschebart getragen hast. Sie schauten alle ergriffen nach oben und verehren dich jetzt! Sie fertigen auch selbst Bilder von dir an.

L: Das klingt ja ganz gut.

A: Ab und zu allerdings nageln sie ihre Artgenossen an Holzkreuze und behaupten dann, das hätte irgendwas mit dir zu tun. Etwas bedenklich, aber im Großen und Ganzen harmlos, würde ich sagen. Aber das Beste kommt erst noch: Sie paaren sich in der Missionarsstellung!

L: Ah! Das klingt vernünftig! Bleib da dran!
(Vorhang)

Zweiter Aufzug

Der Leiter der Unterabteilung „Experimentelle Planetensysteme in der Milchstraße" ruft seinen unterbezahlten Assistenten zu sich, nachdem er von ungünstigen Entwicklungen beim Projekt Erde erfahren hat.

L: Assistent! Was ist denn da auf der Erde los? Ich habe den Bericht gelesen. Das klingt ja höchst befremdlich.

A: Ja, Chef, kann sein, dass da wieder das eine oder andere Malheur passiert ist. Möglicherweise wurde die Vernunft nicht optimal dosiert.

L: Nicht optimal? Es heißt hier zum Beispiel, die Nacktaffen von der einen großen Landfläche hätten gemerkt, dass es noch eine zweite große Landfläche gibt und daraufhin erstmal fast alle Nacktaffen von der zweiten Landfläche abgemurkst. Und schon wieder behaupten sie, das wäre irgendwie meine Idee gewesen.

A: Naja Chef, das können wir vielleicht wieder hinbiegen, wenn dir das unangenehm ist. Ich habe herausgefunden, dass sie verehrungstechnisch ziemlich offen sind. Man kann ihnen alles Mögliche zum Verehren geben, irgendeinen überdrehten Deppen aus ihren eigenen Reihen zum Beispiel oder Fahrzeuge aus Blech, Münzen und Scheine, rosa Plüschkätzchen, völlig egal.

L: Jaja, aber es geht noch weiter. Irgendein überdrehter Depp aus den eigenen Reihen, den sie gerade zufällig am Verehren waren, hat ihnen gesagt, sie sollten mal wieder ein paar Millionen von ihnen umbringen. Und die haben das gemacht! Und zwar diesmal nicht auf anderen Kontinenten, sondern zu Hause. Ihre eigenen Nachbarn haben die umgelegt! Das ganze Nacktaffenprojekt scheint mir ein ziemlicher Griff ins Klo zu sein. Mach das weg!

A: Wegmachen, Chef?

L: Ja, wegmachen. Das Malheur, das dir bei den großen Echsen passiert ist, könnte dir das nicht bei diesen Nacktaffen auch passieren?

A: Du meinst…?

L: Ich will so etwas nicht in meiner Galaxis! Keine Nazis in meiner Galaxis! Mach das weg! Beende das Experiment!

A: Ich fürchte, das wird nicht nötig sein. Sie beenden es gerade selbst.

L: Sie beenden es selbst?

A: Ja! Keine Ahnung warum, aber sie fahren dauernd mit tonnenschweren Blechkisten durch die Gegend und pusten Abgase in die Luft, die das ganze fein austarierte Klimasystem durcheinanderbringen. Sie machen alles kaputt, was ich aufgebaut habe. Bald sind sie selber dran, dauert nicht mehr lange.

L: Das ist mal vernünftig! Sie sind hässlich und bescheuert, aber immerhin konsequent. Und das ist jetzt die Wirkung dieser Vernunft? Wollen wirs nochmal an Stubenfliegen ausprobieren?

A: Vielleicht können wirs noch retten, Chef. Das Problem ist die Dosierung. Nur wenige von ihnen haben bisher was von der Vernunft abbekommen, und die werden von den anderen immer ausgelacht oder umgebracht, wenn sie Vorschläge machen.

L: Is ja wie bei uns, haha! Na gut, hau alles rein, was du da hast von dem Zeug. Wollen wir doch mal sehen, wie viel Vernunft der Nacktaffe so braucht, um klarzukommen.

(Vorhang)

Dritter Aufzug

Der unterbezahlte Assistent des Leiters der Unterabteilung „Experimentelle Planetensysteme in der Milchstraße" betritt das Büro seines Vorgesetzten. Er hält die leere Vernunftbüchse in der Hand.

A: Ich habe alles reingetan, Chef, die ganze Büchse Vernunft. Und es schlägt sofort an. Die Nacktaffen bringen sich jetzt nicht mehr gegenseitig um, sondern sind total freundlich zueinander, sogar zu denen auf anderen Kontinenten. Sie sind ausgesprochen tolerant und auch ihren Planeten wollen sie jetzt anscheinend nicht mehr kaputtmachen.

L: Na, das ist ja nochmal gutgegangen. Scheint ja doch nicht so verkehrt zu sein, das Zeug.

A: Ja, das Verehren von irgendwelchen Deppen, Fahrzeugen und Plüschkatzen haben sie jetzt auch aufgegeben. Aber die Sache hat einen Haken.

L: Welchen?

A: Naja, dich verehren sie auch nicht mehr.

L: Oh!

A: Und das Paarungsverhalten…

L: Ah! Missionarsstellung, hmm?

A: Naja, es entwickelt sich eher… unübersichtlich. Sie treiben es in allen Positionen und Situationen, alle durcheinander.

L: Ach!

A: Auch gleichgeschlechtlich, Chef.

L: Oh.

A: Chef?

L: Hmm?

A: Willst du mit mir auf der Erde leben?

L: Hmm.

A: Och, bitte!

L: Na gut, beam uns runter auf die Erde, Kleiner. Wir bauen uns ein Haus und machen ein paar Kinder!

(Vorhang, Ende)

Warum so schön?

Die Sonne scheint. Verdammt, die Sonne scheint! Die Jalousien werfen dann so ein Streifenmuster aus Licht und Schatten an die Wand. Daran kann man erkennen, dass die Sonne scheint. Wenn die Sonne scheint, muss man raus. Sonst verpasst man den Tag oder schlimmer noch: den Sommer. Und wenn der Sommer vorbei ist, denkt man: Verdammt, ich habe den Sommer verpasst.
Ich nehme mir vor, das Beste draus zu machen, in den Park zu radeln, mich auf eine Parkbank zu setzen und pointierte Prosa in mein Notizbuch zu kritzeln. Einen miesepetrigen Anti-Sommer-Text werde ich schreiben. Voll ätzendem Spott und feiner Ironie. Ein guter Plan! Ich gehe also raus, fege die Spinnennetze von meinem Fahrrad und radle in den Park.
Während ich so in gemütlichem Tempo die Hauptallee des Parks entlangradle, bereit, von der Muse geküsst zu werden, höre ich von hinten ein näherkommendes rhythmisches Stöhnen. Ich traue mich nicht, mich umzudrehen und erwäge gerade, die Flucht zu ergreifen, als der Quell des Gestöhns auch schon an mir vorbeizieht. Zu meiner Überraschung ist es keine Hundemeute, sondern ein einzelner Mensch, aber kein Jogger, sondern ein Geher. Das gibt es ja auch als olympische Disziplin, das Gehen. Jedenfalls zieht der Geher schnaufend wie eine Dampfmaschine an mir vorbei. Ich sehe mich bestä-

tigt, dass dies der rechte Ort ist, mein dichterisches Karma auf einen miesepetrigen Anti-Sommer-Text zu zentrieren.

Jetzt brauche ich nur noch eine angemessene Parkbank, aber die ist nicht einfach zu finden. Der Park ist zwar voller Bänke, aber die meisten sind ungünstig aufgestellt. Viele stehen in der prallen Sonne, manche direkt vor einem Gebüsch, aus dem jederzeit etwas herausspringen könnte. Andere sind mit dem Rücken zum Weg aufgestellt. Keine Ahnung, was das soll. Damit komme ich nicht klar, wenn dauernd Leute hinter mir vorbeigehen und in mein Notizbuch glotzen können.

Nach stundenlangem Suchen finde ich endlich die perfekte Bank. Sie ist weit genug entfernt vom Lärm der Straße, mit der Vorderseite zum Weg ausgerichtet und bietet Ausblick auf eine Blumenwiese. Die Sonne kommt schräg von der Seite, es ist aber nicht zu warm, da die Äste einer Eiche die Bank in einen freundlichen Halbschatten hüllen.

Im Näherkommen sehe ich aber, dass die Bank total verdreckt ist. Ich wische mit einem Taschentuch eine Sitzfläche frei und schimpfe dabei über die asozialen Deppen, die immer alles dreckig machen müssen. Als ich es mir gerade gemütlich gemacht und mein Notizbuch hervorgekramt habe, bleibt ein älterer Herr vor mir stehen und bewirft mich mit seinem Schatten.

Gegen die Sonne kann ich nur seine Silhouette sehen, aber das genügt, um ihn als jemanden zu erkennen, der einiges zu erzählen hat. Und: dass er in mir jemanden erkennt, der gerade die perfekte Bank gefunden und gesäubert hat und jetzt nicht sofort wieder weggehen wird.
Er setzt sich zu mir auf die Bank. Sagt aber nichts. Schaut nur den Weg hinunter als würde er jemanden erwarten. Ich folge seinem Blick und sehe in der Ferne etwas Buntes, das näherkommt. Es scheint sich um eine größere Gruppe Menschen zu handeln, mit Trikots, Vereinssportler vermutlich. Nein, Vereinssportlerinnen, mit kurzen Röcken, sehr kurzen Röcken. Ich tippe auf Hockey. Auch ein olympischer Sport übrigens und neben Beachvolleyball am interessantesten anzu-schauen.
Als die Hockeymädchen an uns vorbeilaufen, fallen dem alten Mann fast die Augen aus dem Kopf. Ohne den Blick zu lösen, steht er langsam wie in Zeitlupe auf und ruft ihnen hinterher: "Warum? Warum?", und nach einer Pause ganz leise: "Warum so schön?"
Im Gegenlicht sehe ich eine Träne über seine Wange kullern und die ist für mich das Zeichen zum Aufbruch. Ich packe wieder ein, radle eine Weile irritiert umher und setze mich schließlich nahe einem kleinen Teich in den Rasen.
Bestimmt lauter Hundescheiße hier. Und Zecken. Da kann man sich sonstwas holen. Und diese Fliegen!

Jetzt ist doch tatsächlich eine auf meinem Augenlid gelandet. Ich wedele sie fluchend davon. Sind die Fliegen denn völlig bescheuert heutzutage? Früher war das anders. Die haben vielleicht ein bisschen genervt früher, aber auf dem Augenlid landen? Das haben die früher nicht gemacht, das ist eine neue Entwicklung. Zum zweiten Mal hole ich mein Notizbuch raus. Das ganze Setting hier ist optimal, um einen richtig miesepetrigen Anti-Sommer-Text zu schreiben.

Blöderweise fällt mir überhaupt nichts ein. Und schlimmer noch: Mit der Zeit gewöhne ich mich an das ganze Naturgedöns. Die Grillen zirpen, eine Entenfamilie schwimmt im Teich umher, am gegenüberliegenden Ufer sehe ich die Hockeymädchen entlanglaufen. Von irgendwo klingt sogar Klaviermusik herüber. Ich entspanne mich regelrecht. Der ganze Mist fängt an mir zu gefallen! In der Nähe wird Boule gespielt. Zwischen das Klickern der Kugeln ruft jemand „Scheibenhonig!" - Das sind kultivierte Leute hier. Ganz anders als bei mir in der Straße, wo degenerierte Jugendliche eine Konversation pflegen, die fast nur aus Fäkalwörtern besteht. Hier dagegen wird nur mit einem „Schei" die Möglichkeit angedeutet, dann aber im letzten Moment doch noch auf „benhonig" ausgewichen. Wie soll ich in dieser friedvollen Umgebung einen miesepetrigen Text schreiben? Verdammte Axt, das geht doch nicht!

Ich werfe mein Konzept über den Haufen und schreibe ein schwülstiges Gedicht. Über zirpende Grillen und schöne Mädchen, die an einer Waldlichtung im Fluss baden. Als es vollendet ist, reiße ich die Seite aus dem Notizbuch, lasse sie im Gras liegen und mache mich auf den Heimweg. Unterwegs kommen mir nochmal die Hockeymädchen entgegen. Als sie vorbei sind, bleibe ich stehen und schaue ihnen nach. Mir fällt auf, dass ich vermutlich ungefähr doppelt so alt bin wie die.

„Warum?", denke ich und erschrecke, weil ich merke, dass eine Frau direkt neben mir steht. Sie trägt einen Sonnenschirm und spricht zu mir: „Wie bitte?" - Verwirrt starre ich sie an. Vor meinem inneren Auge sehe ich nochmal die Träne des alten Mannes im Gegenlicht. Ich bekomme Angst. Angst vorm Älterwerden. Sonne lässt ja die Haut altern, fällt mir da ein. „Sonnenschirm! Gute Idee!", rufe ich ihr zu, schwinge mich auf mein Fahrrad und rase los. Bloß schnell nach Hause und wieder rein in die dunkle Butze. Und die Jalousien bleiben unten!

Intoleranz und Vorurteil

Kleines Bühnenstück für zwei Darsteller in Superheldenkostümen (Batman und Superman). Superman darf leicht näseln.

Batman hat Superman zum Kaffee eingeladen. Die beiden sitzen in der Bat-Höhle und reden über die alten Zeiten.

Sagt Superman: Schmeckt voll gut, der Kaffee!

Und Batman so: Danke. Danke. Ist Kaffee Hag, übrigens.

S: Ach! Hätt ich nicht gedacht. Schmeckt wie richtiger Kaffee, richtig gut. Komisch. Da sieht man wieder, dass man Vorurteile auch einfach mal abbauen muss, oder, Batman?

B: Das würde ich nicht sagen, Superman. Ich mag meine Vorurteile, ich habe mich über Jahre an sie gewöhnt und möchte sie nicht mehr missen. Und übrigens ist das gar kein Kaffee Hag, ich hab dich hopsgenommen. Hahahahaaa.

S: Hahaha. Na toll. Der Kaffee schmeckt mir auch gar nicht, übrigens.

B: Was soll das heißen, der Kaffee schmeckt dir nicht? Das ist allerfeinste Arabica-Bohne, Bio, Fair Trade, 25 Euro das Pfund, frisch gemahlen mit der Kaffeemühle meiner Mutter. Meiner Mutter, die (wie du ja weißt) vor meinen Augen ermordet wurde als ich noch ein kleiner Junge war. Dieses Ereignis hat mich traumatisiert und für immer geprägt, denn ich schwor damals am Grab meiner Eltern…

S: Baaatmaaan! Lass deine Eltern da raus! Die Geschichte hab ich schon tausendmal gehört.

B: Na gut. Aber auf meine Vorurteile lasse ich nichts kommen. Dieses Gequatsche vom Vorurteile abbauen kann ich gar nicht mehr hören. Stell dir vor, irgendwelche Nazis haben Vorurteile gegen Superhelden. Wenn die ihre Vorurteile gegen mich abbauen wollten, müssten die mich ja erstmal kennenlernen. Das würde ich doch auf keinen Fall wollen. Die sollen mir fortbleiben und ihre Vorurteile behalten!

S: Bei Nazis, na gut, das wäre eklig. Aber jetzt stell dir mal vor, du bist Kaffee Hag. Und keiner trinkt dich, weil alle denken, du schmeckst nicht. Dabei bist du eigentlich total lecker.

B: Wenn ich Kaffee Hag wäre, wäre ich erstens nicht lecker und hätte zweitens ne Werbeagentur, die das schon richten würde. Die würden einen Riesenhaufen Leute dazu bringen, mich zu trinken, obwohl sie mich nicht mögen. Wenn dir mein Kaffee übrigens nicht schmeckt, solltest du vielleicht echt mal Kaffee Hag probieren. Vielleicht bist du eher der Kaffee-Hag-Typ.

S: Was soll das heißen?

B: Hör dich doch mal an, Superman! Vorurteile abbauen, meinen Kaffee nicht mögen, aber Kaffee Hag okayfinden. Fehlt nur eine Predigt für Toleranz und Weltfrieden.

S: Was wäre denn am Weltfrieden auszusetzen? Und Toleranz ist doch toll. Toleranz ist sooo wichtig!

B: Ach, Schnickschnack, Toleranz. Soll ich etwa jetzt dem Joker gegenüber toleranter sein, oder was?

S: Ach neeee, der Joker is 'n Doofmann.

B: Vielleicht hatte er eine schwere Kindheit. Vielleicht hätte er einfach mal eine zweite Chance verdient? Hm?

S: Bist du eigentlich beim Ordnungsamt als Superheld registriert?

B: Registriert? Ich doch nicht. Aber du bestimmt, als Superspießer.

S: Nee, vergiss es. Die sind da immer dermaßen unfreundlich, da geh ich nicht mehr hin. Und die Schlange am Superheldenschalter ist immer die längste. Aber dass die mal nen zweiten Schalter aufmachen? Nee, Pustekuchen. Überhaupt spüre ich eine zunehmende Intoleranz gegenüber Superhelden.

B: Ach, jetzt komm mir nicht wieder mit deiner Toleranz! Tolerant kann man gegenüber nervigen Mitbewohnern sein oder lauten Mopedfahrern, aber gegenüber Superhelden? Unser Superheldentum stellt doch keine Belastung dar, die man tolerieren müsste. Toleranz gegenüber Superhelden sollte man genauso wenig fordern wie Toleranz gegenüber Ausländern.

S: Wieso das denn?

B: Die Forderung nach Toleranz impliziert doch, dass es überhaupt etwas zu tolerieren gäbe. Was gibt es denn aber bitte an einem Fledermauskostüm oder an einem Migrationshintergrund zu tolerieren? Hä? Niemand erfährt einen Nachteil dadurch, dass sein Sitznachbar in der Straßenbahn eine andere Hautfarbe hat als er. Eine andere Hautfarbe zu akzeptieren, erfordert keinerlei Toleranz, es ist einfach selbstverständlich. Außer vielleicht Blau-Rot. Es gibt eher zu viel Toleranz. Gegenüber Nazis, zum Beispiel.

S: Jaaaa, die müssten viel mehr auf die Fresse kriegen, die Nazis. Oooder ihre Vorurteile abbauen.

B: Ach, hör mir auf mit Vorurteilen! Es geht hier nicht um Vorurteile, es geht um Niedertracht! Wer so einem Scheißnazi erzählt, er solle seine Vorurteile abbauen, der adelt ihn ja geradezu. Vorurteile! Vorurteile hat man, wenn man im Prozess der Urteilsbildung noch im Frühstadium ist. Wenn man noch recherchieren oder nachdenken muss, um zu einem richtigen Urteil zu kommen. Aber Vorurteile müssen nicht immer geprüft werden. Ich habe zum Beispiel das Vorurteil, dass Nazis schlecht riechen. Und ich mag dieses Vorurteil. Ich möchte es behalten. Ich möchte nicht an einem Nazi schnuppern, um dieses Vorurteil zu bestätigen, wenn du verstehst, was ich meine.

S: Ach so, ja, nee, is klar. Kann ich verstehen. Das kann ich gut verstehen, Batman.

B: Wenn du in der U-Bahn in Metropolis oder von mir aus Gotham City wegen deines roten Umhangs als Tunte angepöbelt wirst, hat das weder mit Intoleranz noch mit Vorurteilen zu tun. Das hat mit Niedertracht zu tun, mit Niedertracht!

S: Äh, Fledermausi, warum sollte ich als Tunte angepöbelt werden?

B: Ach, nur so als Beispiel. Du kannst ja nichts dafür. Verstehste?

S: Nein, das verstehe ich nicht.

B: Ähm, äh, also ich meinte doch nur…

S: Batmanbatmanbatman, willst du auf die Fresse oder was?

B: Nein! Superman, jetzt reg dich doch nicht so auf. Nein! Nicht die Kaffeekanne! Die gute Kaffeekanne! Lass das, Superman! Finger weg von der Kaffeekanne!

S: Du kannst dir deine Scheiß-Kaffeekanne in deinen Scheiß-Darmausgang schieben und dann verpass ich dir einen Einlauf aus deinem Fairtrade-Öko-Kaffee, dass dir…

B: Nein, warte! Superman!

S: Ich habe das Vorurteil, dass dir so ein Einlauf besser gefallen würde als du zuzugeben bereit bis, verehrte Fledermaus. Und dieses Vorurteil würde ich jetzt gerne experimentell bestätigen.

B: Robin könnte jeden Moment nach Hause kommen.

S: Ach, ist der Herr Robin ein bisschen intolerant gegenüber kleinen Experimenten? Unter Freunden? Sind die Herren Batman und Robin ein verspießertes Kaffeekranzpärchen geworden?

B: Na, nun hör aber mal auf. Das geht jetzt zu weit, Superman!

S: Wenn dein Robinschätzchen uns hier quasi in flagranti beim Kaffee-Einlauf überraschen sollte, bekommt er einfach auch einen Einlauf. Wäre das okay für dich, Bätmänchen?

B: Hmm, na gut, ich denke, das ginge schon in Ordnung.

S: Und danach gehen wir alle drei zusammen ein paar Nazis boxen!

B: Oh ja! Das machen wir. Da wird Robin sich freuen.

Du Popcornheld

Du kommst aus dem Kino. Eine Wolke aus Popcorngeruch umgibt dich, auf deinem Hemd sind Schokoflecken vom Eiskonfekt. Und dann ist da noch etwas. Etwas, das die anderen nicht wahrnehmen. Das heißt, eigentlich nehmen es die meisten wahr, aber jeder glaubt, er sei der einzige. Und du glaubst das auch.

Es ist nämlich so: Du weißt, dass du ganz schön super bist. Die erste halbe Stunde nach dem Film weißt du, dass du super bist, danach vergisst du es wieder. Aber für diese halbe Stunde bist du der Held aus dem Film, bist du Batman, Han Solo, Pippi Langstrumpf oder der Mann mit der Mundharmonika.

Helden werden dort gebraucht, wo das Recht des Stärkeren gilt und die Schwachen Schutz brauchen. Dort, wo große Monster Jagd auf wehrlose Menschen machen, zum Beispiel im Straßenverkehr. Das trifft sich gut, denn durch den Straßenverkehr musst du eh durch, wenn du aus dem Kino raus bist. Du überquerst die Straße, bei Grün versteht sich, du bist ein gesetzestreuer Held, vielleicht sogar ein Superheld. Superman würde nie bei Rot über die Ampel gehen. Du wartest bis es grün wird und betrittst den Asphalt, mit aufrechtem Rückgrat und wachem Blick.

Als du mitten auf der Straße bist, kommt ein Auto mit quietschenden Reifen sehr knapp vor dir zum

Stehen und hupt dich an. Während du noch in Todesnähe-Schockstarre verharrst, lehnt sich der Fahrer aus dem Fenster und ruft dir grobe Verwünschungen zu. Was für ein Depp du seist, ob du die Ampel nicht sehen könnest, die natürlich zwischendurch wieder auf Rot gewechselt hat, und so weiter und so weiter.

Da du täglich zu Fuß in der Stadt unterwegs bist, passiert dir sowas regelmäßig. Aber die Polizei von Gotham City ist bekanntlich chronisch überlastet. Radfahrer fahren auf der falschen Seite, Fußgänger gehen bei Rot rüber, Kinder machen Kratzer in Autos. Kurz: Die Stadt ist voll zwielichtiger Subjekte, die meinen, sich auflehnen zu müssen. Da sind für die echten Verbrecher einfach keine Kapazitäten mehr frei. Und hier kommst du ins Spiel.

Denn du bist gerade aus dem Kino gekommen und somit ganz schön super. Jetzt kommt es drauf an, welchen Film du gesehen hast. Wenn der elende Straßenfaschist richtig Glück hat, hast du Gandhi gesehen. Du setzt dich im Schneidersitz auf die Straße und wartest auf seine Entschuldigung, seine aufrichtige Entschuldigung. Er wird das doof finden, dabei sollte er dankbar sein, denn du hättest ja auch einen anderen Film sehen können.

Spiel mir das Lied vom Tod! oder Der unglaubliche Hulk! Oder nein: Du hast Taxi Driver gesehen. Du bist Robert de Niro. Du spürst das kühle Metall deiner 133er Magnum, die du dir in den Hosenbund gesteckt hast. Gerade willst du den Tunichtgut kaltblütig abknallen, da fällt dir ein, dass Heldentum ja eigentlich ganz anders geht. Du spulst ein paar Minuten zurück. Im Kino kann das nur der Filmvorführer, aber die erste halbe Stunde danach kannst du das auch.

Nicht du wirst vom Autonazi bedroht, sondern: eine junge Frau von betörender Schönheit. Schönheit, die natürlich nur du erkennst, denn sie tarnt sich mit einer abstrus dicken Brille, einer Zahnspange und übertriebener Schüchternheit. Außerdem hat sie echt Pech, weil sie heute aus ziemlich abwegigen Gründen ein besonders hässliches Kleid tragen muss, aber auch wirklich nur heute, sonst trägt sie das nie. Auch die Zahnspange natürlich nicht, aber das weißt du gar nicht. Das musst du gar nicht wissen, denn für dich zählen nur innere Werte. Du bist ein Held.

Du hast die Szene beobachtet und siehst das Auto mit quietschenden Reifen wegfahren, nachdem der Fahrer noch irgendwas mit Fotze gerufen hat. Du trittst lässig in die Mitte der Straße, ziehst deine 255er Magnum unter deinem dunklen wallenden Umhang hervor und feuerst einen Schuss ab auf das wegfahrende Auto. Das linke Rücklicht explodiert in einem beachtlichen Feuerwerk. Wow, denkst du, das war mal kein LED-Licht. Der zweite Schuss erwischt einen Reifen, das Auto kommt ins Schlingern, knallt gegen ein, zwei andere Autos, die selbstredend auf den ersten Blick als Arschlochautos erkennbar sind, irgendwelche fetten Bonzenkarren.

Schließlich prallt der schlingernde Wagen des Bösewichts gegen einen alten Hydranten, der eigentlich ins Museum gehört, momentan aber seltsamerweise noch in Betrieb ist. Eine meterhohe Fontäne schießt nun daraus hervor und gibt der ganzen Szene eine morbide Romantik. Langsam öffnet sich die Fahrertür. Im Vordergrund das kaputte linke Rücklicht, das komischerweise immer noch britzelnde Funken von sich gibt. Im Hintergrund der künstliche Regen aus dem Hydranten, im Gegenlicht einer flackernden Neonreklame.

Der Fahrer steigt aus, du richtest deine 377er Magnum auf ihn. Er wirkt jetzt schon deutlich weniger selbstbewusst. Er hat sich eingenässt und faselt irgendwas von ey Alter mach kein Scheiß und so. Ey Alter?, denkst du dir, was soll das heißen, ey Alter, sind wir jetzt irgendwie Kumpels oder so? Um weiteren Kumpelhaftigkeiten vorzubeugen, feuerst du einen weiteren Schuss ab, diesmal auf das rechte Rücklicht, das ebenfalls in einem bemerkenswerten Feuerwerk explodiert. Das Britzeln und Rauchen der beiden Rücklichter sieht so hübsch aus, dass du ganz gefesselt davon bist und zu spät merkst, dass der Übeltäter gerade mit seinem Mobiltelefon die Polizei ruft.

Scheiß ADS!, denkst du und nestelst in deinen Manteltaschen nach den Ritalin-Tabletten. Aber das Geballer fängt eh gerade an, dich zu langweilen. Die wichtigste Aufgabe des Helden steht ja noch bevor. Der jungen Frau mit der Zahnspange ist nämlich noch ganz mulmig zumute, weil sie gerade fast totgefahren worden wäre. Dazu noch bedroht und gedemütigt. Sie muss sich bei dir aufstützen, puh, ihr ist ganz schön blümerant. Du wirst sie tragen müssen.

Wie ist das eigentlich bei Superheldinnen? Retten die auch Männer mit Zahnspangen, denen dann blümerant wird und die sich anlehnen müssen und getragen werden wollen? Egal, denkst du dir, für Gender-Fragen ist jetzt nicht der richtige Zeitpunkt. Fokus, Batman, Fokus!

Du trägst sie zum Batmobil, anscheinend bist du jetzt doch nicht der Taxi Driver, sondern Batman. Das passt auch besser zu dem wehenden Umhang. Du öffnest den Kofferraum des Batmobils und fragst sie, ob sie irgendwas braucht. Der Kofferraum ist voller Drogen. Komisch. Hätte man nicht gedacht von Batman. Superheldenuntypisch ist plötzlich auch dein Outfit. Du trägst eine riesige bunte Pornobrille, einen Safarihut und Bermudashorts.

Das sieht scheiße aus, aber dafür findet sich im Kofferraum alles, was die Dame jetzt gebrauchen könnte. Zwei Beutel Gras, 75 Kügelchen Mescalin, fünf Bögen extra starkes Acid, ein Salzstreuer halbvoll mit Kokain, ein ganzes Spektrum vielfarbiger Uppers, Downers, Heuler, Lacher, ein halber Liter

Äther, zwei Dutzend Poppers, eine Flasche Gurktaler Alpenkräuter und eine bunte Tüte von Onkel Ollis Kiosk.

Die Dame ist begeistert. Jedenfalls grinst sie. Ihr Grinsen ist ziemlich breit, findest du. So genau kannst du das aber grad nicht erkennen. Überhaupt kannst du kaum noch irgendwas klar erkennen, außer ihrer Zahnspange, die jetzt ungefähr doppelt so groß ist wie ihr Kopf.

Du hast wieder zu viel von dem Acid genommen. Leider fängst du auch noch an, nach Fledermäusen zu schlagen, die um deinen Kopf schwirren. Das kommt nicht gut an bei der Dame. Sie möchte jetzt doch nicht mehr getragen werden. Aber das passt dir auch grad ganz gut, denn für die Abwehr der Fledermäuse brauchst du freie Hände. Außerdem hat ihre Riesenzahnspange gerade einen Terminator-Arm ausgebildet, der nach dir greift, und in den beiden Aquarien vor ihren Augen schwimmen weiße Haie.

Sie bedankt sich knapp und macht sich auf den Weg. Nach ein paar Metern blickt sie sich nochmal nach dir um. Sie sieht total schön aus, wirkt irgendwie weichgezeichnet, und schaut dich traurig an. Dann hakt sie sich bei einem Mann ein, der einen eleganten hellen Anzug und einen Hut trägt. Die beiden drehen sich weg und gehen auf ein Flugzeug zu, das im Hintergrund auf einer regennassen Rollbahn steht. Der Hydrant hat einiges geleistet, denkst du, als plötzlich ein französischer Polizist neben dir steht und irgendwas vom Beginn einer wunderbaren Freundschaft faselt.

Das geht jetzt zu weit. Du wirfst noch zwei Trips ein und steigst ins Cockpit des Batmobils. Du fährst mit quietschenden Reifen los, schaltest die Sirene an und nimmst mit dem Funkgerät Kontakt zur Zentrale auf. Zentrale!, hörst du dich sagen, hier ist Hightower, ich brauche Verstärkung. Das hast du mal in einem heiteren Polizeifilm gesehen, das war nicht Batman und schon gar nicht Taxi Driver. Irgendwas läuft schief, denkst du völlig zu Recht. Neben dir sitzt ein streng blickender Polizist. Er ist kein Franzose, und dein Freund will er auch nicht sein. Er nimmt dir das Funkgerät ab, macht die Sirene wieder aus und fordert dich auf, rechts ran zu fahren.

Verdammte Axt! Die halbe Stunde ist rum und du bist nicht mehr cool. Du wirst die Nacht auf dem Polizeirevier verbringen und irgendwas von Missverständnis faseln. Mit etwas Glück lassen sie dich laufen. Morgen früh wirst du mit einer gültigen Fahrkarte ins Büro fahren und einer langweiligen Tätigkeit nachgehen, die zwar einigermaßen bezahlt wird, aber völlig sinnlos ist. Du drohst in Schwermut zu versinken.

Aber hey! Du kannst ja auch einfach blau machen und in die Matinee-Vorstellung gehen. Im Apollo läuft um elf Uhr Wiedersehen auf Bullerbü. Das sollte zu schaffen sein. Ein guter Plan.

Die schmutzige Phantasie einer Braunschweiger Rossbratwurst

Ich war schon öfter mal in Braunschweig, aber es gab einen Besuch dort, der mich besonders tief beeindruckt hat. Er fand in der Adventszeit des Jahres 2006 statt, genauer am 3. Dezember. Warum ich das Ereignis so genau datieren kann, obwohl es doch schon so lange her ist, werde ich später noch verraten.

Es war Weihnachtsmarkt in Braunschweig, und ich stand am Rossbratwurststand. Holla Pferdewurst, dachte ich, Pferdefleisch muss ganz schön teuer sein. Die mischen da bestimmt Rindfleisch rein, damit es billiger wird. Vielleicht ist auch gar kein Pferdefleisch drin. Bei Bregenwurst ist ja auch kein Bregen drin. Nachdem ich am Vorabend bei Mutter Habenicht eine hoffentlich bregenfreie Bregenwurst verspeist hatte, fand ich es nur angemessen, nun eine vielleicht möglicherweise, vielleicht aber auch nicht rossfreie Rosswurst zu probieren.

Als ich kurz darauf mit der dampfenden Rossbratwurst in der Hand vergnügt über den Weihnachtsmarkt schlenderte, fiel mir ein stark alkoholisierter Herr mit einem beachtlichen Bierbauch auf. Ein mehrmals um seinen fulminanten Hals geschlungener Schal ließ eine Vorliebe für Gelb- und Blautöne vermuten. Vielleicht war der Schal aber auch ein Geschenk, das seine Oma ihm gehäkelt hatte. Omas

sind verschieden. Meine Oma zum Beispiel pflegte zu sagen: Gelb und Blau schmückt die Sau.
Die Zahl der Omas, die in diesem Moment mit dampfenden Glühweinbechern um uns herumstanden, war ebenso wie die Zahl der Enkel mit selbstgestrickten Schals recht hoch. Umso erstaunlicher fand ich, dass der gelb-blau beschalte Herr sich nun anschickte, seine Hose zu öffnen und etwas herauszuholen, das leider tatsächlich nicht mehr und nicht weniger war als sein Geschlechtsorgan. Kenner wissen, dass das Geschlechtsorgan zugleich als Ausscheidungsorgan für den flüssigen Anteil der Verdauungsabfälle fungiert.
In Kenntnis dieser physiologischen Koinzidenz, über deren Sinn ich mir ein anderes Mal nachzudenken vornahm, hoffte ich, dass er nicht vorhatte, sich hier an Ort und Stelle einen von der Palme zu wedeln. Da ich mit den Sitten und Gebräuchen dieser Stadt nicht so vertraut war, war ich auf alles gefasst. Doch zu meiner und vor allem seiner Erleichterung stellte er sich vor einen Mülleimer und strullerte hinein. Da er offenbar einiges zu strullern hatte, vertrieb er sich die Zeit mit dem Vortrag eines kleinen Liedes, dessen Text ich hier möglichst originalgetreu wiederzugeben versuche:
„Scheiß Kaiserslautern! Scheiß Kaiserslautern! Scheiß Kaiserslautern!" - und so weiter.
Auch wenn sein kleines Lied hinsichtlich Intonation und dichterischer Raffinesse gewisse Schwächen

aufweisen mochte, so gibt es mir doch heute einen wichtigen Hinweis auf das Datum, an dem ich dieses Schauspiels Zeuge zu werden die Ehre hatte. Laut einer gewöhnlich gut unterrichteten Quelle für Fußballfakten ist es in der Geschichte des Fußballs nur ein einziges Mal vorgekommen, dass die Braunschweiger Eintracht in der Weihnachtszeit zu Hause gegen den 1.FC K'Lautern verloren hat, und zwar am 3. Dezember 2006.

Wäre der Urinant ein Anhänger des 1.FC K'Lautern gewesen, hätte seine Kutte jedenfalls farblich bedeutend besser ins weihnachtliche Umfeld gepasst. Ich stellte mir vor, wie die Enkel am Mantel ihrer jeweiligen Oma gezuppelt und aufgeregt ausgerufen hätten: „Oma, guck mal, der Weihnachtsmann muss auch Pipi machen."

Aber auch dieses drollige Bild konnte mich leider nicht davon ablenken, dass ich meine Rossbratwurst noch nicht verspeist hatte, als der Blödmann seine Pipiwurst hervorkramte und mit seinen Urin quasi meinen Wurstappetit löschte. Was konnte ich tun, um meinen Rosswurstappetit zu neuem Leben zu erwecken? Tu das Naheliegende, sagte ich zu mir, frag die Rosswurst doch selbst!

Ich brachte die Rosswurst nah an meine Lippen und flüsterte ihr ins Ohr (ja, sie hatte, was mich erstaunte, tatsächlich ein Ohr, und ich bemühte mich, es ihr nicht abzukauen): „Liebe Rosswurst, wo du doch schon, was mich erstaunt, ein Ohr hast, erlaube mir eine Frage."

Wiehernd antwortete die Rosswurst: „Dass du mein Ohr bemerkt hast, erstaunt mich, denn das bemerken die wenigsten. Und nun frag schon, aber hurtig, bevor ich noch kalt werde."

Ich fragte sie also, was ich tun könne, um meinen Appetit auf sie wiederzuerlangen, damit sie nicht kalt werde. Ich hielt dabei mein Handy ans Ohr, damit keiner dachte, ich spräche mit einer Rosswurst.

Und die Rosswurst, das wiehernde Stück Fleisch, hub an zu folgender Verlautbarung: „Werter Verspeiser, um den Appetit auf mich wiederzuerlangen, solltest du einen schmutzigen Witz erzählen. Viele Leute bekommen von schmutzigen Witzen Appetit auf Würste. Und weil du Engelsknabe zwar mit Lebensmitteln sprichst, aber keine schmutzigen Witze kennst, erzähle ich dir einen."

Während der Eintrachtfanatiker noch am Strullern war und von seinem Weltschmerz sang, erzählte mir also eine Rosswurst einen schmutzigen Witz. Und der ging so:

„Anfang Mai '45, Adolf und Eva treiben's tüchtig im Führerbunker. Während er nicht so richtig in Fahrt kommt, weil er dauernd an die vorrückende Rote Armee denken muss, steht sie kurz vorm krassesten Orgasmus der Reichsgeschichte. Sie steigert sich in ein quiekendes, wieherndes und grunzendes Crescendo hinein, dass selbst die Ross- und Schweinswürste im Kühlschrank erröten und die Bunkerwände zittern. Doch plötzlich erklärt der lustlose Adolf den Geschlechtsakt für beendet, quasi per Führererlass. Überhaupt stehe er gar nicht auf sie, sondern habe sie nur wegen ihres Nachnamens geheiratet.

Eva quiekt, er solle sie gefälligst weiterficken, er mache noch ihren schönen Orgasmus kaputt. Hahaha, ruft der Führer da, ich habe halb Europa kaputtgemacht, ich werde auch diesen Orgasmus kaputtmachen. Die pragmatische Eva beginnt panisch kreischend im Nachtschränkchen nach dem Prototypen des elektrischen Volksdildos zu suchen, den Albert Speer ihr zu Weihnachten geschenkt hat. Das Gepolter und Gekreisch geht dem Führer tüchtig auf den Zeiger und in wildem Furor ruft er ihr zu …"

Der Rosswurst Redeschwall endete abrupt an dieser Stelle. „Ja, was denn?", fragte ich die Rosswurst, „Was rief er ihr zu?" - „Na, was wird er ihr wohl zugerufen haben, der Führer im Furor?", fragte die Rosswurst. Ich dachte kurz nach, dann fiel es mir wie Schuppen von den Haaren und ich rief es laut aus: „Braun! Schweig!"

Plötzlich drehten sich alle Omas und Enkel zu mir um, und sogar der Eintrachtfan bekam auf einmal gute Laune und drehte sich in meine Richtung. Der gelbe Strahl rotierte mit ihm wie eine Sprinkleranlage, und alle Omas und Enkel in der Runde machten einen gleichzeitigen Satz rückwärts. Das beeindruckte mich so sehr, dass ich völlig vergaß, mich ebenfalls durch einen entsprechenden Rückwärtshüpfer in Sicherheit zu bringen, so dass meine Schuhe die letzten Tropfen des Mittelstrahls abbekamen. Meine Rosswurst lachte wiehernd, und zur Strafe aß ich sie auf.

Swingerparty auf dem Obersalzberg
oder: Wie der Führer wirklich starb

(Warnhinweis: Dieser Text ist ein bisschen eklig. Eigentlich sogar ziemlich eklig. Lesen Sie ihn lieber nicht.)

Frühling 1945 - Es war mal wieder Reichsschweinereinacht, und die Staats- und Parteiführung traf sich in des Führers bescheidenem Anwesen auf dem Obersalzberg im Berchtesgadener Land. Man unterwarf, demütigte und vernichtete sich gegenseitig nach allen Regeln des arischen Kamasutra und feuerte aus allen Rohren. Es war wie immer ein zwangloses Beisammensein der braunen Elite, und heute war sogar der Kaviar braun.

Immer wieder bestieg der Führer seine minderjährige Praktikantin Eva Braun. Wenn sie so vor ihm lag, schön und schutzlos wie ein kleiner Balkanstaat, der darauf gierte, von ihm unterjocht zu werden, fühlte er sich fast wie ein richtiger Arier. „Ratatatataaa!" rief der Führer, um sich in Stimmung zu bringen, und richtete seine Kanone auf sie.

„Es ist mein unerschütterlicher Wille, auch dieses Land zu unterjochen und zum Lebensraum für die arische Rasse zu machen." - „Ja!", rief Eva, „steck ihn nochmal rein, mein Führer! Da sind noch Partisanen in der Höhle."

Da wich die Geilheitsröte im Gesicht des Führers einer Zornesröte: „Er ist bereits drin! Er ist schon die ganze Zeit drin, du Vaterlandsverräterin!"
Eva griff ins Nachtschränkchen, um den Volksdildo herauszuholen, doch der war nicht an seinem Platz.
Der Volksdildo war ein Entwurf Albert Speers, der seiner geliebten Eva einen Prototypen zur Verfügung gestellt hatte. So oft hatte sie ihm ihr Leid geklagt ob der geringen Durchschlagskraft von des Führers Kanone.
Der Volksdildo war äußerlich einer V2-Rakete nachempfunden, bestand aus massivem Kruppstahl und wurde von einem Diesel-motor angetrieben, der mächtige teutonische Vibrationen erzeugen konnte. Ein kleiner Nachteil waren das Geknatter und die Abgase, die dann zwischen ihren Beinen emporstiegen. Aber das war für Eva keine große Umstellung.
Sie wand sich unter dem Führer hervor, rannte suchend durch den Saal und stolperte fast über Joseph Goebbels, der von Göring gepeitscht auf allen vieren über den Marmorboden kroch und dabei den großen leuchtenden Globus in der Saalmitte umrundete.
Albert Speer hatte nicht nur den Volksdildo konstruiert, sondern auch diesen Globus. Im Gegensatz zu handelsüblichen Globen hatte bei diesem Exemplar jedes Land eine Öffnung und war sozusagen fickbar. Bei geselligen Abenden konnten auch mehrere Länder gleichzeitig gefickt werden.

Als Eva fast über den krabbelnden Goebbels stolperte, stellte sie erfreut fest, dass Rauchwölkchen und ein knatterndes Geräusch seinem Gesäß entwichen. „Ha!", dachte Eva, „der also hat meinen Dildo entwendet. In seinem Anus führt er ihn spazieren." Die pragmatische deutsche Hausfrau zog den Dildo mit einem Ruck heraus und Goebbels Joseph entfuhr ein spitzer Schrei. Er ejakulierte auf den Südtiroler Marmor und sank erschöpft zu Boden.

Da war Göring ganz schön angepisst, weil die doofe Eva seinem Spielgefährten den Stöpsel rausgezogen hatte. Er setzte sich auf den Boden, verschränkte die Arme und sagte: „Och, menno!"

Eva jedoch hielt die deutsche Rakete, die jetzt mit einer braunen Schmiere überzogen war, vor sich und blickte sie lüstern an. „So ein schönes Braun!", schwärmte Eva. Sie dachte an ihre deutsche Heimaterde, die die edelste Rasse der Welt hervorgebracht hatte.

Doch ihre Freude währte nicht lange, denn bald wurde das Knattern schwächer und versiegte schließlich ganz. „Beim Führer! Der Diesel is alle!", entfuhr es Eva. „Ihr habt den Volksdildo leergeknattert, ihr unpatriotischen Schweine!" Sie war jetzt richtig sauer und wollte auch mal etwas Unpatriotisches tun. Ihr Blick fiel auf den Globus.

Deutschland war das einzige ungefickte Land auf dem fickbaren Globus und das war auch gut so, denn der Führer hatte Albert Speer in einem lichten

Moment gebeten, einen Mechanismus einzubauen, der die Selbstzerstörung des gesamten Obersalzbergs einleitete, sobald Deutschland gefickt würde. Denn natürlich würde kein Deutscher so etwas tun, so dass ein Geficktwerden Deutschlands nur hätte bedeuten können, dass der Obersalzberg in feindliche Hände gefallen wäre. Wenn in diesem unwahrscheinlichen, aber doch nicht ganz ausgeschlossenen Fall irgendwelche Amis oder Tommies oder Rotarmisten den fickbaren Globus entdeckt und sich an Deutschland vergangen hätten, wäre der ganze schöne Obersalzberg samt den feindlichen Besatzern mit einem großen Krawumms in die Luft geflogen.

Als sich die zornige Eva nun in wildem Furor dem Globus näherte, den Volksdildo wie ein Messer führend in der Rechten, wurde den Jungs ganz blümerant zumute. Weil sie eine Frau war und daher über keinen Pillermann verfügte, hatte man sie gar nicht erst eingeweiht.

Das war ein Fehler gewesen. Panisch blickten die Jungs einander an und riefen schließlich wie mit einer Stimme: „Eva! Du darfst dein Vaterland nicht ficken!"

Doch die wilde Eva war nicht mehr zu bremsen. Mit einem wohl ironisch gemeinten „Heil Hitler!" bohrte sie den Volksdildo ins tausendjährige Reich und löste damit Speers Höllenmaschine aus. Der Obersalzberg explodierte spektakulär, und über dem

Berchtesgadener Land ging ein Scheißeregen nieder, wie ihn die Welt noch nicht gesehen hatte.

Das - und nicht etwa ein verlorener Krieg, wie oft behauptet wird - war das wirkliche Ende des braunen Weltreichs.

Wurstvernichternotdienst

Ich bin ein Müllschlucker. Ich esse alles, auch Fleisch. Ich habe nichts gegen Vegetarier, einige meiner besten Freunde sind Vegetarier und das ist gut so. Ich war auch selber jahrelang Vegetarier, aber seit einem Jahr bin ich trocken, denn Vegetarismus passt nicht zu meinem neuen Nahrungsbeschaffungskonzept.

Während die meisten Leute bei der Nahrungsbeschaffung einen Umweg gehen, indem sie versuchen, Geld zu verdienen, mit dem sie dann Nahrung kaufen könnten, habe ich mich für einen direkten Weg entschieden: Ich verschaffe mir Nahrung als Fleischvernichter in Vegetarier-WGs. Davon gibt es in meinem Freundeskreis einige. Am liebsten sind mir die Vegetarische-Alleinerziehende-Mütter-WGs. Vegetarierinnen und vor allem Veganerinnen sind faule Menschen. Sie sind nicht nur zu faul, wilde Tiere zu jagen, zu reißen und auszuweiden, sie sind oft auch zu faul, sich für ihre Kinder ein vegetarisches Ernährungskonzept zu überlegen. Aus Angst, ihrem Nachwuchs eine mangelhafte Ernährung angedeihen zu lassen, geben sie ihm einfach Fleisch, da kann man nix falsch machen, da ist ja irgendwie alles drin, was der Körper so braucht. Da die Kleinen appetitmäßig eher wankelmütig sind und die vorsichtigen Mütter lieber zu viel als zu wenig kaufen, finden sich oft Salami und Mortadella im Kühlschrank, bei denen das Haltbarkeitsdatum schon erreicht ist. Und hier komme ich ins Spiel.

Ich rede den Müttern ins Gewissen, dass sie die überfällige Wurst unmöglich ihren Kindern geben können, dass es aber auch den getöteten Tieren gegenüber nicht fair wäre, Wurst wegzuschmeißen. Also rufen sie bei Erreichen des Ablaufdatums den Wurstvernichternotdienst zu Hilfe. Geschwind bin ich zur Stelle, sitze freundlich dreinschauend mit am Abendbrottisch und schiebe mir Mortadellastullen rein. Brot, Butter und Bier gibt's natürlich dazu, das ist quasi mein Honorar.

Aus strategischen Gründen komme ich gern schon etwas früher ins Haus und spiele mit den Kindern. Das kommt erstens bei den Müttern gut an und zweitens ergibt sich dadurch die Gelegenheit, den Kindern vor dem Abendbrot noch heimlich Schokolade zu geben, was wiederum zwei Vorteile hat. Erstens: Das kommt bei den Kindern gut an. Zweitens: Sie haben beim Abendbrot keinen Hunger mehr, so dass mehr Wurst für mich übrigbleibt.

Wenn wir danach mit den Kindern das Sandmännchen schauen, schiebe ich mir noch die eine oder andere aufgerollte Mortadellascheibe rein, wie früher beim Metzger, als ich selbst noch Kind war, das war schön. Auch das Sandmännchen erinnert mich an früher. Dass das DDR-Sandmännchen jetzt nicht mehr schwarzweiß ist, hat mich zunächst irritiert, aber inzwischen komme ich damit klar.

Ergiebig sind auch Elternbesuche in der WG. Wenn die lieben Eltern zu Besuch sind, haben die veganen Damen wenig Lust, sich das Wochenende mit Diskussionen über die Legitimität ihrer Fleischverweigerung zu vermiesen, also wird halt vorher schön Bio-Wurst eingekauft, lieber zu viel als zu wenig. Natürlich bleibt da einiges übrig, und wer wird dann Sonntagabend angerufen, wenn die Eltern wieder weg sind? Na klar bin ich zur Stelle, um dann schön mit den Veggie-Ladies den Tatort zu gucken mit einem Teller Salamibrote auf dem Schoß. Nach dem Tatort ergibt sich eine weitere Erwerbsquelle. Da alleinerziehende Mütter eher wenig Gelegenheit haben, nachts auf die Piste zu gehen, sind sie oft sexuell ausgehungert. Und hier komme ich ins Spiel. So kann ich mir zusätzlich noch auf höchst angenehme Weise Übernachtung und Frühstück dazuverdienen.

So habe ich monatelang ein angenehmes Leben ohne viel Mühsal geführt, bis ich kürzlich abends wieder mal mit viel Platz im Magen bei meiner Lieblings-Veggie-WG klingelte. Ich war in Spendierlaune und hatte den Kindern eine Packung Bärchenmortadella mitgebracht. Als meine Gastgeberinnen dieses fragwürdigen Produkts menschlicher Gehirnverspackung gewahr wurden, gerieten sie in eine etwas aggressive Stimmung, schleuderten mir die Mortadellabärchen einzeln ins Gesicht und riefen mir, während ich Hals über Kopf aus der Wohnung flüchtete, nach: Mortadellabärchen IN YOUR FACE, Alter!

Während ich in Panik die Treppe hinunterstürzte, flogen mir noch einige freundlich lachende Wurstscheiben in den Nacken. Im Erdgeschoss angekommen, nahm ich leider den falschen Ausgang und fand mich im Innenhof wieder. Ich wollte gerade zurück ins Treppenhaus, als ich zu meiner allergrößten Bestürzung feststellen musste, dass die Tür verstellt war, und zwar von einem riesigen gigantischen dreimetergroßen Mortadellabärchen. Im Gegensatz zu seinen kleineren Kollegen zeigte das Gesicht dieses Exemplars kein freundliches Lächeln, sondern eine höchst übellaunige Fratze.

Das Ungeheuer kam auf mich zu und drängte mich zurück, bis ich mit dem Rücken an eine Mauer stieß. Als ob das nicht schon schlimm genug gewesen wäre, kamen hinter ihm noch weitere Mortadella-Grizzlies in den Hof und verstellten mir die wenigen Fluchtmöglichkeiten.

Trotz meiner großen Panik war ich der Situation intellektuell gewachsen. Es konnte sich nur um einen Albtraum handeln, kombinierte ich messerscharf, also tat ich, was ich für solche Fälle schon als Kind gelernt hatte: Ich hielt mir die Augen zu und rief: There's no place like home! There's no place like home!

Plötzlich drang eine vertraute Melodei an mein Ohr, die mich Stress und Todesangst vergessen ließ:

Sandmann, lieber Sandmann, es ist noch nicht so weit …

Als ich die Augen wieder öffnete, stand das Sandmännchen vor mir, in vertrautem Schwarzweiß wie früher im DDR-Fernsehen. Das ergab einen angenehmen Kontrast zu den Fleischfarben der umstehenden Wurstbären. Zum Glück hatte das DDR-Sandmännchen im Gegensatz zu seinem verweichlichten BRD-Kollegen immer passendes Hightech-Equipment zur Hand, in diesem Fall: Schlafsand für die Fleischbären-Gang und ein Raumschiff.

Wenige Sekunden später saß ich neben dem Sandmännchen an Bord seines Raumschiffs. Es sei froh, mich endlich gefunden zu haben, erklärte es freundlich. Die Freude sei ganz auf meiner Seite, wollte ich gerade erwidern, doch da setzten wir schon auf dem Mond auf. Es stellte mir seine WG vor: Ein Haufen Veganer mit einem Kühlschrank voller Wurst. Krass.

Mein 90. Geburtstag

Kleines Bühnenstück für zwei Darsteller

Wir schreiben das Jahr 2062, die Vorbereitungen für meinen 90. Geburtstag sind in vollem Gange. Mein Enkel ist zu Besuch und gründelt auf dem Dachboden in meiner Vergangenheit, um irgendwas daraus zu machen für die große Feier. Ich hoffe, ich habe die Schmuddelmagazine entsorgt. Leider lässt meine Arthrose einen Besuch des Dachbodens nicht mehr zu. Ein wichtiger Rat an euch: Entsorgt eure Schmuddelmagazine, bevor es zu spät ist und ihr es nicht mehr auf den Dachboden schafft! Oh, da kommt er angehoppelt, der kleine Rabauke.

Enkel: Opa, Opa, guck mal was ich gefunden habe! Eine Zeitschrift! Von 2014! Krass! Die is auf Papier!

Ich: Ach du Scheiße! Gib das her, das is nur für Erwachsene.

Enkel: Nein, das ist voll interessant. Hier schreibt so ein seniler Typ, er wär homophob und das wär gut so. Opa, was heißt homophob?

Ich: Hab ich vergessen.

Enkel: Hast du nicht.

Ich: Na, das kann man sich doch erschließen, Junge. Hast du denn in Altgriechisch nicht aufgepasst? Die Vorsilbe Homo kommt vom griechischen homos, das heißt „gleich" wie in homogen, Homonym, homomorph, und Phobos ist die Angst. Homophobie ist also eine gleichmäßige Angst, quasi wenn man vor allem irgendwie gleichviel Angst hat. *(räusper)*

Enkel: Hä?

Ich: Die Leute hatten damals gleichviel Angst vor allem, vor Überfremdung, vor Essen ohne Fleisch, vor zu wenig Autos, zu wenig Überwachung, dass die Atomkraftwerke abgeschaltet werden oder wenn Frauen mit Männern vögeln, so Sachen halt. Und diese Angst war dann Vorwand für mehr oder weniger bescheuertes oder feindseliges Verhalten.

Enkel: Frauen sollten nicht mit Männern vögeln?

Ich: Ja, so war das damals. Oder war's umgekehrt? Männer mit Frauen? Männer mit Männern? Irgendwas davon war nicht okay damals. Nein warte, ich habs wieder: Gleichgeschlechtlich war nicht okay. Das wars: Es mussten immer genau zwei Personen beteiligt sein, nicht mehr und nicht weniger, und die beiden durften nicht das gleiche Geschlecht haben. Das waren die Regeln.

Enkel: Aber Frauen mit Männern war okay?

Ich: Das war voll okay.

Enkel: Und warum durften nicht beide das gleiche Geschlecht haben?

Ich: Keine Ahnung. Wahrscheinlich war es Neid. Die konnten's ja einfach treiben ohne versehentlich ein Kind zu machen.

Enkel: *Versehentlich??* Man kann versehentlich ein Kind machen?

Ich: Ja klar, guck dich doch mal an. *(oops)*

Enkel: Opa, wovor hatten die Leute noch Angst?

Ich: Na zum Beispiel davor, dass zu wenige Autos gekauft wurden. Wegen der Wirtschaft.

Enkel: *Autos??* Was waren das für Dinger? Wofür waren die da?

Ich: So genau weiß ich das nicht mehr... Aber ein Problem war damals, dass die Leute jeden Monat Geld bekommen haben für den Quatsch, den sie den ganzen Tag gemacht haben, und das Geld mussten sie dann halt auch wieder loswerden. Mit einem Auto konnte man ziemlich viel Geld loswerden und dabei auch noch den anderen zeigen, wie viel Geld man hatte. Also haben könnte, wenn man es nicht fürs Auto ausgeben würde. Üblicherweise kaufte man ein Auto, das etwas teurer war als man sich leisten konnte, und nahm dafür einen Kredit auf. Um den bezahlen zu können, musste man das Geld immer gut zusammenhalten und möglichst niemandem was davon abgeben.

Enkel: Und wofür waren die eigentlich da, die Autos? Ich meine so von der Funktion her?

Ich: Hab ich vergessen. Die standen halt so in der Gegend rum und haben genervt. Manchmal fuhren sie auch. Dann haben sie noch mehr genervt.

Enkel: Okay... Und was ist dieses Überüberüber... fremding... dingsda, was du grad noch gesagt hast?

Ich: Überfremdung? Ja warte mal, das war wenn Leute Angst hatten, dass ihre Hautfarbe zu blass war und deswegen nicht wollten, dass Leute mit gesünderer Hautfarbe in ihrer Nähe wohnten. Oder so ähnlich. So genau weiß ich das nicht mehr. Irgendwie sollte es für Deutschland eine einheitliche Hautfarbe geben, damit kein Neid aufkam.

Enkel: *Deutschland??*

Ich: Ja, so nannte man früher die Gegend hier. Wurde irgendwann abgeschafft. Passt du denn gar nicht auf in Geschichte?

Enkel: Wir sind erst bei den alten Griechen. Da durften die Jungs jedenfalls miteinander ...

Ich: Jajaja, die wussten ja auch schon, dass die Erde eine Kugel ist, die um die Sonne kreist. Ist dann vorübergehend in Vergessenheit geraten, weil man Angst hatte, Gott könnte das doof finden.

Enkel: *Gott??*

Ich: Ja, Gott, wie erklär ich das jetzt? Gott ist fast noch schwieriger zu erklären als Deutschland, mein Junge. Die Menschen brauchten immer jemanden, der auf sie aufpasst. Dafür haben sie die Götter erfunden. Und später die Geheimdienste.

Enkel: Ach so. Und wollten die Leute überwacht werden wegen ihrer Homophobie? Weil sie dann weniger Angst haben mussten?

Ich: Ja, nein, weiß auch nicht mehr so genau. Lief alles nicht so rund damals. Alle hatten Angst, nicht mehr genug Geld zu haben, und das war dann der Vorwand für alles Mögliche. Wer sich nicht wehren konnte, wurde ausgebeutet. Auch die Natur wurde zerstört, weil man das halt so gemacht hat, und wenn man irgendwas anders gemacht hätte als vorher, hätte das ja Arbeitsplätze kosten können. Vor nichts hatten die Leute so viel Angst wie davor, dass es keine Arbeit mehr gab. Arbeit war noch wichtiger als Deutschland oder Gott.

Enkel: *Arbeit??* Die hatten Angst, nicht mehr genug zu tun zu haben? Opa, das ist ja voll bizarr! Wie hast du das nur ausgehalten damals?

Ich: Das weiß ich auch nicht mehr so genau, mein Junge. Ich glaube, ich habe mich auf eine Bühne gestellt und den Leuten mein Leid geklagt. Es gab da zum Beispiel diese Poetry Slams.

Enkel: *Poetry Slams??*

Ich: Junge, ich finde das Gespräch gerade etwas anstrengend. Willst du mir nicht lieber erzählen, was du in letzter Zeit so erlebt hast? Wie läuft's denn mit den Mädels zum Beispiel?

Enkel: Apropos Mädels: Ich hab da noch andere Zeitschriften gefunden ...

Ich: Oh, ich muss weg. Vielen Dank für das Gespräch.

Narrenschiff

Das Römische Reich stand in seiner größten Blüte, als eine Gruppe Wahnsinniger sich auf eine lange Reise begab. Die Stadtverwaltung von Rom hatte sich entschlossen, ein paar hundert Menschen, die sie für übertrieben unangepasst hielt, von der örtlichen Herrenirrenanstalt auf eine Galeere zu versetzen, wo sie sich als Rudersklaven nützlich machen und irgendwann an Erschöpfung krepieren sollten.
Und sogar schon vor der Erschöpfung sollten sie Gelegenheit bekommen zu krepieren, denn ihre Galeere wurde zur Bekämpfung von Piraten eingesetzt. Sie hatten sich noch kaum eingearbeitet und wussten vorwärts und rückwärts noch nicht recht auseinanderzuhalten, als überraschend schon das erste Piratenschiff am Horizont auftauchte. Oh große Unbill, rief da der Kapitän, in diesen Gewässern waren noch nie Piraten, und im Ruderdeck sitzen hundert Bekloppte, die vorwärts nicht von rückwärts unterscheiden können. Wenn wir Glück haben, saufen wir ab, bevor die Piraten hier sind, schrie er ins Ruderdeck hinunter.
Unter den Bekloppten entstand eine leichte Verstimmung, das sei nicht sehr freundlich, so grob von ihnen zu sprechen, man übe ja noch und gebe sich redlich Mühe, die verschiedenen Manöver zu lernen, aber das Nautische sei ja völliges Neuland für sie und überhaupt sei man noch nie so weit von Rom

entfernt gewesen. Außerdem seien die hygienischen Bedingungen nicht optimal und auch das schlechte Essen schlage auf Gemüt. Vom pädagogischen Standpunkt seien die Rahmenbedingungen durchaus verbesserungswürdig ...
Der größte Klugscheißer unter den Bekloppten hatte sich gerade mal wieder tüchtig in Rage geredet, als das Schiff einen mächtigen Stoß bekam. Der Rammsporn des Piratenschiffs hatte sich backbordseitig in den Rumpf der Galeere gebohrt. Das Glück des vorzeitigen Absaufens war ihnen nicht vergönnt, das war mal klar.
Turbulenzen!, rief der Verwirrteste unter den Bekloppten. Das sind nur Turbulenzen! Bei Turbulenzen stets Ruhe bewahren!
Vom Oberdeck erklang bald ein so lautes Trampeln, Schreien und Stöhnen, dass man unten im Ruderdeck ganz verunsichert war. Zur Ablenkung ließ der Chefbekloppte das kürzlich erlernte Wendemanöver einige Male wiederholen, zur Festigung des Lernerfolgs. Während oben gekämpft, geschrien und gemeuchelt wurde, drehte sich also die Galeere fortwährend um ihre Vertikalachse. Im Zuge dieser nach Meinung des Chefbekloppten erfreulich gleichmäßigen Rotation wurden die Kampfgeräusche von oben immer leiser und versiegten schließlich ganz.
Auf dem Ruderdeck war man sich uneinig in der Frage, was auf dem Kampfdeck wohl gerade Phase

sei, und verstrickte sich in Diskussionen darüber, ob es eher gut oder eher schlecht sei, wenn die Piraten das Schiff kapern würden. Das Essen jedenfalls könne kaum schlechter werden, sagte der größte Nörgler unter den Irren, seit Tagen habe es ja nur Bohnen gegeben. Na klar, erwiderte der größte Bedenkenträger unter den Irren, die Piraten hätten bestimmt Antipasti und Wein mitgebracht und selbstgemachte Pasta, die sie extra für die Rudersklaven mit ihren kleinen Piratenhänden geknetet hätten.

Jedenfalls seien die Turbulenzen weniger geworden, bemerkte jemand. Und in der Tat, das konnte nicht bestritten werden. Es wäre nicht einmal übertrieben gewesen, die gleichmäßige Rotation des Schiffes als einzige wahrnehmbare Bewegung zu bezeichnen. Die völlige Stille ließ eine nervöse Anspannung unter den unfreiwilligen Passagieren entstehen. Irgendwann müssten die Siegreichen, welche der beiden Parteien das auch immer sein mochte, doch herunterkommen und Kommandos geben. Die Rotation sei zwei sehr entspannend, könne aber weder für eine Piratenseele noch für eine Soldatenseele auf Dauer befriedigend sein.

Vielleicht seien sie noch dabei, die Antipasti vorzubereiten, wollte der Optimist unter den Bekloppten auch mal zu Wort kommen.

Ganz schön schlecht sei übrigens die Luft unter Deck, schaltete sich der Nörgler wieder ein. Ob eventuell jemand gefurzt habe und ob man dafür nicht bitteschön nach oben gehen könne. Ja, man habe gefurzt, was ja angesichts der Ernährungssituation kein Wunder sei, aber nein, nach oben gehen könne man dafür nicht, da werde man ja gemeuchelt und das sei auch der wohlklingendste Furz nicht wert. Obschon man zugeben müsse, dass das Lassen einen ordentlichen Furzes inmitten der Testosterongranaten da oben durchaus seinen Reiz haben könne. Und krepieren werde man ja sowieso auf diesem Schiff, warum dann nicht wenigstens mit Stil.

Der Kühnste unter den Wahnsinnigen wagte sich also nach oben an Deck und ließ dort einen gewaltigen Furz, dabei den sicheren Tod in Kauf nehmend. Er staunte nicht schlecht ob der Reaktion, die diese kühne Tat provozierte. Es war nicht weniger als ein ebenso gewaltiger Rülps, der ihm aus dem Maul des Piratenhäuptlings entgegenschallte. Noch erstaunlicher war, dass der Oberpirat nach seinem gewaltigen Rülps in sich zusammensackte wie eine angepiekste Gummipuppe. Wobei dieser Vergleich niemandem an Bord in den Sinn gekommen sein konnte, denn Gummipuppen wurden erst viel später erfunden.

Außer dem rülpsenden Boss war ziemlich wenig los an Deck. Die übrigen Herrschaften waren anscheinend bereits zuvor zusammengesackt, wobei zunächst nicht zu erkennen war, ob ebenfalls infolge eines Rülpses. Der Kühnste unter den Wahnsinnigen bekam kurz ein bisschen Angst, ob ein Furz, zudem ein gewaltiger, ebenfalls eine solche Wirkung haben könne und auch er gleich wie eine angepiekste Gummipuppe erschlaffen würde. Immerhin war man ja noch nie so weit weg von Rom und auch noch nie mitten auf dem Meer gewesen, da konnten die normalsten Dinge ja die merkwürdigsten Auswirkungen haben. Aber schnell fiel ihm ein, dass seine Fürze unter Deck ja auch folgenlos geblieben waren, von gerümpften Nasen mal abgesehen.

Da an Deck anscheinend keine akute Gefahr drohte, blieb er für ein paar Stunden oben, um die Aussicht und die frische Luft zu genießen und vor allem die Gelegenheit, dabei auch noch allein zu sein und die ganzen Bekloppten nicht mehr um sich zu haben, die unten das Ruderdeck vollpupsten. Er war ziemlich erleichtert, dass dieser Furz wider Erwarten doch nicht sein letzter sein sollte und vertrieb sich die Zeit mit dem Nachzählen der zusammengesackten Blödmänner, wobei er feststellen musste, dass bei der Mehrzahl der schlaff herumliegenden Körper die Ursache des Zusammensackens ziemlich eindeutig Stichverletzungen mit Todesfolge waren.

Eine Minderheit, die nur aus Piraten bestand und der auch der rülpsende Oberpirat angehörte, war dagegen noch am Leben, aber anscheinend durch eine Alkoholvergiftung vorübergehend außer Gefecht gesetzt. Der Kühnste unter den Bekloppten dachte eine Weile darüber nach, wie man mit der Situation am besten umgehen könne und wie lange die Wirkung des Alkohols wohl anhalten würde. Nach einer weiteren Stunde entspannten Nachdenkens beschloss er, seine Freunde unter Deck in seine Überlegungen einzubeziehen.

Diese waren höchst erfreut ob der guten Nachrichten und jubilierten und frohlockten zunächst für ein Stündchen oder zwei, bevor sie sich der ernsthaften thematischen Arbeit zuwandten. Nachdem ein Vorstand gewählt und eine Geschäftsordnung beschlossen worden war, gelangte man schon nach wenigen Stunden in einer teils sehr emotional geführter Debatte zu dem Schluss, dass der Piraten Sieg, dessen sie noch trunken waren, nicht von Dauer sein solle. Die Verrückten waren zwar weder kampferprobt noch draufgängerisch veranlagt, aber der Anblick der Herrschaften auf dem Oberdeck war so jammervoll, dass sie sich ein Herz fassten und die Siegestrunkenen zusammen mit den Gemeuchelten ins Mittelmeer warfen.

Was unsere Klapsmühlenexilanten nicht wissen konnten und was sie auch niemals geglaubt hätten: Ihr überraschender Sieg war kein Zufall gewesen. Vielmehr hatte die überaus gleichmäßige Rotation der Galeere die Aufmerksamkeit einer Gottheit auf sich gezogen. Keine Geringere als Aphrodite war sich sofort klar darüber, dass Ruderer, die ein Schiff in eine solch harmonische Rotation versetzen konnten, ganz ausgezeichnete Liebhaber sein mussten und damit in ihren Aufgabenbereich fielen.

Also hatte sie sich eingemischt und die irren Herren einen glücklichen Sieg davontragen lassen. Das Schiff der Wahnsinnigen änderte seine Route und steuerte einen kleinen Hafenort in Andalusien an, wo seit einigen Wochen die Insassinnen einer Damenirrenanstalt zur Erntearbeit herangezogen wurden.

Aphrodite hatte die Damen bei ihrer Arbeit beobachtet und war auch bei ihnen zu dem Schluss gekommen, dass sie ausgezeichnete Liebhaberinnen sein mussten. Denn sie pflückten die Tomaten, wie nur ausgezeichnete Liebhaberinnen Tomaten pflücken konnten.

Die Göttin hatte die Sache so geschickt eingefädelt, dass die Damen gerade im Hafen zur Tomatenverladung auf ein Schiff warteten, als die durchgeknallten Ruderschüler dort anzulegen versuchten. Durch einen verrückten Zufall war das gesamte Aufsichtspersonal aufgrund einer Alkoholvergiftung vorübergehend außer Gefecht gesetzt und konnte beim Einparken nicht behilflich sein.

Die durchgeknallten Damen dagegen waren gern behilflich und luden neben einer sehr großen Ladung frischer Tomaten auch gleich noch sich selbst mit an Bord, denn das Tomatenpflücken war ihnen langweilig geworden und auch die hygienischen Bedingungen in ihrer Unterkunft waren nicht optimal. Außerdem zweifelten sie am pädagogischen

Konzept ihrer Vorarbeiter, die einen eher groben Umgang pflegten.

Das Narrenschiff stach in See, wandte sich nach Westen und durchquerte nach einigen der Notwendigkeit der Nahrungsaufnahme und des wilden Herumtollens geschuldeten Zwischenstopps die Meerenge von Gibraltar. Danach wurden die Gelegenheiten für Zwischenstopps rar, so dass die hoffnungsvolle Reise ein tragisches Ende gefunden hätte, wenn nicht im letzten Moment doch noch ein Eiland am Horizont aufgetaucht wäre.

Dort ließen sie sich nieder, ein Haufen ausgestoßener Glückspilze gründete eine neue Welt mitten im Atlantischen Ozean. Sie nannten sie, da sie alle Platon gelesen und für Originalität keine Energie übrig hatten: Atlantis!

Die Gruppe war in vielerlei Hinsicht eine sehr spezielle Auswahl. Jedes Mitglied hatte seine eigene Sammlung psychischer Abnormitäten im Gepäck. Allen gemein war ein übertriebener Hang zu Verweigerung. Sie waren überdurchschnittlich intelligent, besaßen aber weder Disziplin noch Durchsetzungsvermögen. Die Anpassungsfähigkeit, die einem in Rom das Überleben ermöglichte, fehlte ihnen völlig.

Sie waren verkopfte und verklemmte Grübler, die durch Unschlüssigkeit und Klugscheißerei nervten. Was sie in ihrem bisherigen Umfeld zu Verlierern und Ausgestoßenen gemacht hatte, war nun in die-

ser homogen psychotischen Gesellschaft von Atlantis kein Problem mehr. Es war eine Irrenanstalt ohne Aufseher und Ärzte, eine anarchische Gesellschaft, die vor allem eine zentrale menschliche Eigenschaft vermissen ließ: den Untertanengeist. Kein einziger Bewohner von Atlantis war bereit, sich irgendjemandem unterzuordnen, und niemand hatte Interesse oder gar Freude daran, Befehle zu geben.
Weil sie die besten Liebhaber und Liebhaberinnen der Welt waren, vermehrten sie sich wie die Karnickel. Und weil keine Zeit und Energie an das ganze Untertanendings verschwendet wurde und jeder Atlant sich und seine abstrusen Ideen einbringen konnte, entwickelte sich Atlantis bedeutend schneller als alle anderen menschlichen Gesellschaften. Bereits im Mittelalter hatten die Atlanten den Mond besiedelt. Damit die anderen Menschen das nicht merkten, hängten sie einen Tarnschild davor, der so aussah, wie vorher der Mond ausgesehen hatte. Nur dass ganz klein in der Mitte in Schönschrift die Worte standen: "Fickt euch doch selber, ihr Blödis!"

Als ich Bier schürfen wollte auf dem Saturn

Ihr Arschlöcher! Ihr vermaledeiten Arschlöcher!, brüllte der schreckliche Kokkpokk Fokkokkpokk. Sein Plan war, die Menschheit auszurotten und ihren blöden Planeten kaputtzumachen. Doch er hatte seinen Plan ohne mich gemacht.

Eines schönen Morgens rollte ich mich von meinem össeligen 90er-Jahre-Späthippie-Futon und landete in einer Kotzelache. Mich amüsierte der Gedanke, dass das Wort Kotzelache auch als Kotzelache[3] gelesen werden kann. Ich hatte also einiges zu lachen, während ich versuchte aufzustehen.

Das Ungewöhnliche an dieser Kotzelache war, dass sie nicht aus mir kam, sondern aus meiner Freundin. Sie musste ernstlich krank sein, denn von Herrenhäuser Pilsener hatte sie noch nie kotzen müssen. Wir hatten zwar recht viel getrunken, aber das war normalerweise nur für mich ein Problem, nicht für sie. Noch besorgter wurde ich, als ich gewahr wurde, dass sie auch meinen Laptop erwischt hatte. Der war hinüber und meine ganzen kostbaren Daten auch, schöner Mist. Sie war eine ungeübte Kotzerin, das merkte man gleich.

Ich rief sofort beim Verfassungsschutz an, ob sie mir meine Daten zuschicken könnten, am besten Stand

---

[3] mit kurzem „a"

gestern Abend, gerne auf die Dropbox. Das sei leider nicht möglich, sie könnten es mir aus verwaltungstechnischen Gründen allenfalls auf Magnetbändern senden, das würde aber teuer werden, denn allein die 180 Folgen Golden Girls würden einen großen Karton voll Magnetbänder füllen.

Verärgert knallte ich den Hörer auf die Gabel, nicht ohne noch einmal laut „Servicewüste Deutschland" in den Hörer zu brüllen. Ich hatte mir vor längerer Zeit auf dem Flohmarkt ein altes Telefon gekauft, um mal wieder wie früher den Hörer auf die Gabel knallen zu können. Aufgrund meiner phlegmatischen Natur kam ich aber viel zu selten dazu.

Da meine Freundin trotz allem noch ganz zuckersüß vor sich hin schnarchte, beschloss ich, erstmal Brötchen zu holen, schnappte mir aus dem Kühlschrank ein Herri für den Weg und ging aus dem Haus. Als ich auf der Straße die Flasche öffnete, fiel mir ein, dass die Kotze meiner Freundin noch an mir klebte. Ich beschloss, mir nichts anmerken zu lassen. Das war mein Kiez, hier kam es auf Äußerlichkeiten nicht an.

Mit dieser Entscheidung hatte ich ein sehr glückliches Händchen, denn mein ekelerregendes Äußeres sorgte dafür, dass ich vom Traktorstrahl eines vorbeifliegenden Raumschiffs erfasst und an Bord gebeamt wurde. Der Halter des Raumschiffs war kein Geringerer als der schreckliche Kokkpokk Fokkokkpokk, der sich gerade anschickte, die Menschheit auszulöschen.

Eine sentimentale Ader veranlasste ihn, von jeder Spezies, die er auslöschte, ein Exemplar zu retten, ein paar Takte mit ihm zu plaudern und es dann in einem großen Einweckglas zu konservieren. Aufgrund der an mir klebenden Kotze war ich ihm sofort sympathisch gewesen, denn er war ein ziemlich ekliger Typ.

In Kokkpokk Fokkokkpokks Raumschiff fand ich mich in einer Art Warteraum wieder, wo auf einem kleinen Röhrenfernseher die Golden Girls liefen. Daneben stand eine große Kiste mit Magnetbändern. Das machte mich stutzig. Da musste ich erstmal drüber nachdenken. Mir fiel auf, dass ich noch das kühle Herri in der Hand hielt und nahm erstmal einen kräftigen Schluck.

Just in diesem erfrischenden Moment betrat der schreckliche Kokkpokk Fokkokkpokk den Raum. Das heißt, eigentlich beschleimte er den Raum, denn er war eine Art Gallertwesen mit ziemlich vielen Glupschaugen, ein großer Schleimklumpen, der sich unter lautem Blubbern und Ächzen in den Raum wälzte. Sehr sexy wirkte das nicht auf mich, aber das schien ihm egal zu sein. Er kam direkt zur Sache und fragte mich, ob ich eine besondere Fähigkeit besäße, die ihn so beeindrucken könne, dass er die Menschheit verschonen würde.

Ich sagte, meine Körperbeherrschung sei so groß, dass ich allein durch Konzentration einen Eiterpickel auf meiner Stirn zum Platzen bringen könne. Das war gelogen, schien ihn aber ein bisschen zu beeindrucken, so dass ich Zeit gewann, einige SMS mit meiner Freundin auszutauschen. Sie wollte wissen, wo ich sei und welches Jahr wir hätten. Es schien ihr noch nicht besser zu gehen. Ich schrieb zurück, dass ich in einem Raumschiff sei und ihr gerade Genesungsstrahlen rübergeschickt hätte und es ihr bald besser gehen werde. Sie fragte, wie ich das gemacht hätte mit den Genesungsstrahlen, ob ich beim Onanieren an sie gedacht hätte oder wie.

Die Frage konnte ich leider nicht mehr beantworten, denn der schreckliche Kokkpokk Fokkokkpokk entschied, dass ihn die Sache mit dem Pickel doch nicht genügend beeindruckte. Ob ich noch mehr zu bieten hätte, wollte er wissen.

Ich nahm noch einen Schluck von meinem Herri und erklärte, wir Erdlinge würden unser Bier nicht aus Hopfen und Malz brauen, sondern mittels spezieller Weltraumsonden aus dem 43. Saturnring schöpfen. Die gehirnerweichende Wirkung dieser gelben Flüssigkeit gebe uns die Fähigkeit, mit außerirdischen Schleimkreaturen zu reden. Wenn man sehr viel trinke, könne man sogar mit seinem eigenen Pimmel plaudern oder mit Nazis.

Das mit den Nazis war natürlich gelogen, aber er schien sowieso nicht mehr zuzuhören, sondern fing an, sich unter lautem Blubbern und Stöhnen ordentlich aufzublähen. Ihr Arschlöcher! Ihr vermaledeiten Arschlöcher!, brüllte der schreckliche Kokkpokk Fokkokkpokk. Ihr seid das also! Ihr sauft mir immer das ganze Bier weg. Ich mach euch kalt! Damit hatte ich nicht gerechnet und mir wurde etwas mulmig zumute. Hatte ich jetzt die Menschheit auf dem Gewissen, weil ich meinen Mund nicht halten konnte? Zum Glück hatte ich im rechten Moment einen Geistesblitz und bot dem Schleimkoloss mein restliches Herri an. Er lächelte verzückt, trank es in einem Zug aus und war so geflasht, dass er Sehnsucht nach seiner Heimat bekam. Einige seiner Glupschaugen weinten vor Rührung und er vergaß sogar seinen Plan, die Menschheit auszulöschen.

Da war ich schon mal erleichtert. Aber ein Problem hatte ich noch, denn ich saß in einem Raumschiff, das von einem schluchzenden Schleimkoloss in Richtung Saturn gesteuert wurde. Und mein Herri war alle. Ich machte das Beste aus der Situation und überredete den sentimentalen Kokkpokk Fokkokkpokk, mir Schürfrechte einzuräumen auf dem 43. Saturnring inklusive Shuttle zur Erde mit großem Biertank. Ich sah mich schon als gefeierten Gründer eines großen Bierimperiums. Saturn hell, Saturn dunkel, Saturn naturtrüb. Den ersten Entwurf fürs Etikett hatte ich schon geskribbelt, als ich erneut von einem Traktorstrahl erfasst wurde.

Meine Freundin hatte sich anscheinend erholt und sandte mir just in diesem Moment Rückholstrahlen. Als ich zu mir kam, lag ich wieder in der Kotze neben meinem Futon. Meine Freundin stand im Türrahmen, war schon angezogen und erklärte, sie sei schon ohne mich gekommen und werde jetzt Brötchen holen. Die Kotzelache sei ja wohl nicht mein Ernst, und übrigens habe gerade ein Typ vom Verfassungsschutz angerufen. Ich solle zurückrufen in der Sache Golden Girls. Das sei ja wohl auch nicht mein Ernst, sprach sie und knallte die Wohnungstür hinter sich zu.
Oh doch, sagte ich, oh doch, und holte ein neues Herri aus dem Kühlschrank.

Freibeuter auf Pauschalreise

Wiesbaden - Die Teuerungsrate ist im April erstmals im laufenden Jahr leicht gestiegen. Die Verbraucherpreise erhöhten sich um 1,3 Prozent im Vergleich zum Vorjahresmonat, teilte das Statistische Bundesamt mit. Ein Grund für den Anstieg der Inflationsrate waren teurere Pauschalreisen. Hier zogen die Preise um 10,4 Prozent im Vergleich zum April 2013 an. Das ist vor allem auf einen statistischen Effekt zurückzuführen: Während die Osterfeiertage 2013 im März begannen, fielen sie diesmal komplett in den April. Dadurch verteuerten sich Pauschalreisen.

Da muss man doch erstmal in Ruhe drüber nachdenken. Ostern macht Pauschalreisen teurer. Aber warum? Wegen der Eier? Weil die Animateure Extraschichten zum Eiermalen einlegen müssen? Und weil Eiermalen teurer ist als Eierschaukeln? Nicht zu vergessen: Das Verstecken der Eier muss nahtlos und geschmeidig in den Animateursalltag eingeplant werden, damit die gut geölte Maschinerie der Touristenbespaßung nicht ins Quietschen gerät. Und wenn ein Ei gefunden wird, sollte stets ein stets gut gelaunter Animateur zu Stelle sein:
Ach nein, das gibt es doch nicht, die Frau Spröckenköter hat ein Ei gefunden! Dabei hat der Osterhase das doch sooo gut versteckt, das war doch das bestversteckte Ei in unserer gesamten Ferienanlage!

Aber da hat der langohrige Nager seine Rechnung ohne Frau Spröckenköter gemacht, was?

Durch die osterbedingten Bonuszahlungen war der Animateur mit dem Brustschild „Herr Schmidt" so krass motiviert, dass seine Stimme ins Falsett zu kippen drohte. Doch in diesem Moment zog Frau Spröckenköter kokett die Ärmel ihrer luftigen Bluse hoch, so dass ihr rosafarbenes All-Inclusive-Armband mit den drei silbernen Sternen drauf sichtbar wurde. Der Animateur Herr Schmitt war kurz geneigt, einen spitzen Falsettschrei auszustoßen, kam dann aber doch ins Grübeln. Ein rosafarbenes Armband mit drei Sternen, das versprach noch krassere Bonuszahlungen als fürs Eier *verstecken*. Aber wollte er das wirklich? Gab es nicht wichtigeres im Leben als Bonuszahlungen? Er dachte an seine unbeschwerte Kindheit, als er im Garten der Großeltern leuchtend bunte Ostereier fand, unterm Johannisbeerbusch und oben im Kirschbaum, als ihm die Welt zu Füßen lag. Was hatte er für Träume damals und was hatte er daraus gemacht? Was war aus ihm geworden? Ein geldgeiler, dauergrinsender Affe, der reichen Witwen den Lebensabend versüßte.

Frau Spröckenköter gab lüsterne Juchzlaute von sich und holte einen dicken silbernen Edding aus ihrer Tasche. Oh nein, nicht mit Edding, rief Herr Schmidt und hielt sich instinktiv die Hände vors Gemächt. Natürlich musste sie die abwaschbaren Eierfarben nehmen und natürlich ging das alles sowieso nicht hier in der Öffentlichkeit, dafür gab es spezielle Räume, das waren die Regeln, drei silberne Sterne hin oder her. Er dachte wieder an den Kirschbaum seiner Großeltern, wie er oben in einer Astgabel sitzend die glitzernde bunte Folie knisternd vom Schokoladenei löste. Pirat wollte er werden, Pirat! Ein geldgeiler Pirat, na gut, aber doch kein Callboy, der sich die Eier anmalen ließ, sondern ein freier Mann auf hoher See, der sich nahm, was er wollte. Er musste hier raus, und zwar sofort, drei Sterne hin oder her, Bonuszahlungen, scheiß drauf, dachte er, ich bin ein Freibeuter auf der Überholspur des Lebens!

Na gut, gehen wir, rief Frau Spröckenköter, kippte den Rest ihres Cocktails runter und machte sich auf den Weg zu den Serviceräumen. Sie ging gern voraus, weil sie wusste, wie sexy sie beim Gehen von hinten aussah, vor allem wenn sie nur mit einer leichten Bluse bekleidet war. Nach dreizehn Schritten drehte sie sich nach ihm um, doch das verführerische Augenzwinkern blieb ihr quasi im Sehnerv stecken. Er war nicht mehr da. Sie blinzelte noch einmal ungläubig, blickte auf ihr Drei-Sterne-All-Inclusive-Armband, das ihr bisher zuverlässig alle Türen geöffnet hatte, blickte wieder auf, doch es blieb dabei, er war weg, drei Sterne hin oder her.

Einen spitzen Schrei der Empörung unterdrückte sie und kam ins Grübeln. Wollte sie das alles überhaupt wirklich? Sie dachte an ihre Kindheit, als sie im zugemüllten Innenhof ihre ersten Taler verdiente, indem sie die Jungs unter ihren Rock schauen ließ. Die Welt lag ihr zu Füßen, reich werden schien so einfach. Und was hatte sie draus gemacht? Einen Gebrauchtwagenhändler geheiratet. Na gut, der brachte ordentlich Kohle nach Hause, das *war* ein einfacher Weg, reich zu werden. Im Grunde hatte sie nur ihr allererstes Geschäftsmodell weiterentwickelt und quasi eine Flatrate mit lebenslanger Vertragsbindung angeboten.

Aber warum hatte sie in den letzten 30 Jahren nicht mehr aus sich gemacht? Sie hatte doch offensichtlich betriebswirtschaftliches Talent. Warum hing sie hier allein zwischen Pauschaltouristen ab, lackierte irgendwelchen geleckten Affen die Testikel und bezahlte auch noch dafür? Das war doch, genauer betrachtet, großer Mist. Warum ließ sie sich nicht von ihrem Gatten begatten? War er nicht ein liebenswerter Mann und noch dazu ein Hengst im Bett? Nein, war er nicht. Beides nicht. Aber egal, es konnte ja auch ein andere Mann sein, am besten ein Einheimischer hier aus der Stadt. Da *war* doch eine Stadt irgendwo außerhalb der Ferienanlage, da war sie ganz sicher. Und heute Abend würde sie auf die Piste gehen, drei Sterne hin oder her, All-Inclusive, scheiß drauf, dachte sie, die Stadt gehört mir.

Eine Welle der Euphorie trug sie ins Herz der pulsierenden Großstadt, die sie nur vom Hörensagen kannte. Sie merkte schnell, dass sich die Wertigkeit der All-Inclusive-Bändchen hier ins Gegenteil verkehrte. Pauschalreisende waren bemüht, sie unter der Kleidung verschwinden zu lassen, sobald sie den geschützten Bereich der Anlage verließen, denn abnehmen konnte man sie nicht. Draußen wurde man für die Armbänder ausgelacht, und je hochwertiger das Band, desto geringer die Chancen, an unbezahlten Sex zu kommen. Ein rosafarbenes Dreisterne-Armband sollte man also sehr gut verbergen, und Frau Spröckenköter hatte Mühe, gegen die alte Gewohnheit anzukämpfen, beim Flirten kokett ihre Unterarme zu entblößen.

Die Freibeuterpläne des Herrn Schmidt trugen ihn derweil ebenfalls in die Stadt, wo er sich zunächst ein Messer und eine Schreckschusspistole besorgte und damit ein Restaurant überfiel. Mit der Beute ging er ins Casino und verspielte sie wieder. Danach versuchte er es in einer Cocktailbar. Auch dieser zweite Überfall lief zunächst ziemlich rund, bis er beim Einsammeln der Portemonnaies plötzlich eine Stimme von hinten hörte:

„Hey, Hase! Ich hab ein goldenes Osterei unter meinem Rock. Schau doch mal nach!"

Während er sich blitzartig umdrehte, griff er nach seiner Nahkampfwaffe, dem Messer, doch am Gürtel war nur noch das leere Holster. Panik stieg in ihm auf, das durfte einem Freibeuter auf keinen Fall passieren. Die Frau, die behauptete, ein goldenes

Osterei unterm Rock zu tragen, stand nun breitbeinig vor ihm auf einem Tisch und reckte von rollenden Hüftbewegungen begleitet ihren linken Arm in die Höhe, so dass am Handgelenk ein rosafarbenes Armband mit drei silbernen Sternen sichtbar wurde.
Sofort brach schallendes Gelächter in der Bar aus, das jedoch erstarb, als sie den rechten Arm ebenfalls reckte, in dessen Hand sich das Messer des Freibeuters Herrn Schmidt befand. Sie führte das Messer an ihr linkes Handgelenk und durchschnitt mit einem Ruck ihr All-Inclusive-Bändchen, das in völliger Stille zu Boden segelte. Nach vielen langen Sekunden gespannten Schweigens ließ sie auch das Messer fallen, das vor ihren Füßen in der Tischplatte stecken blieb.
Nach weiteren unendlich langen Sekunden krassester allgemeiner Anspannung fasste sich der Freibeuter Herr Schmidt ein Herz und ihr unter den Rock. Ein Raunen ging durch die Menge. Damit hatte niemand gerechnet, am wenigsten Herr Schmidt, und allgemeiner Jubel brach aus, als er ein goldenes Osterei zu Tage förderte.
Sie feierten und vögelten bis zum Morgengrauen, und als er ein paar Jahre später aus dem Gefängnis entlassen wurde, wartete sie draußen vor dem Tor auf ihn. Sie trug nichts weiter als eine leichte Bluse und lehnte an einem rosafarbenen 59er Cadillac Eldorado Cabriolet aus dem Nachlass ihres unter nicht

ganz geklärten Umständen verstorbenen Gatten. Am Kühlergrill prangten drei silberne Sterne.

Meine kleine Zeitreise ins postautomobile Zeitalter

Neulich bin ich mit einer Brownschen Zeitmaschine in die Zukunft gereist. Eine Brownsche Zeitmaschine basiert auf einem 80er-Jahre-Sportwagen der Marke DeLorean mit einem Haufen blinkender Lämpchen, Knöpfchen und Digitalanzeigen drin. Man stellt das Zieldatum ein, zu dem man reisen möchte und fährt dann ganz schnell los. Bei Erreichen einer ziemlich krassen Geschwindigkeit erfolgt dann der Zeitsprung.

Ich vertauschte einfach die beiden letzten Ziffern der Jahreszahl, beschleunigte auf ziemlich krasse Geschwindigkeit und landete mit einem großen Krawumms im Jahr 2041. An dieser Stelle möchte ich kurz meine Beobachtungen schildern.

Die auffälligste Veränderung im Jahr 2041 ist, dass das automobile Zeitalter sein verdientes Ende gefunden hat. Ich zähle im Folgenden die Indizien auf, an denen ich während meiner kurzen Zeitreise erkennen konnte, dass das automobile Zeitalter zu Ende ist:

1. Im Jahr 2041 wird im Radio nicht mehr vor Flitzerblitzern gewarnt.

Wenn früher (so um 2014 rum) irgendein Vollhonk mit 120 Sachen durch dein Dorf oder deinen Kiez gefahren ist, war das gar nicht – wie man denken könnte – ein skrupelloser Verbrecher, sondern nur ein kleiner Flitzer, der ein bisschen Spaß haben wollte. Und den musste man davor schützen, dass er geblitzt wurde. Im Radio wurde deshalb vor den Blitzern gewarnt, damit er auch weiterhin ganz schnell flitzen konnte.

2. Im Jahr 2041 gibt es keine selbstgebastelten Bittenichtsoschnellfahren-Schilder mehr

Wenn früher kleine Kinder auf der Straße spielten und ein Flitzer sie totfuhr, dann nannte man das einen Unfall und an der Ortseinfahrt wurden selbstgemalte Schilder aufgestellt, dass doch die Flitzer bitte nicht ganz so schnell flitzen sollten, wegen der Kinder, aus Rücksicht. Freiwillig. Bittebitte. Im Jahr 2041 dagegen muss niemand mehr auf Knien um das Leben seiner Kinder betteln, jedenfalls nicht in diesem Land.

3. Im Jahr 2041 warnen die Radiosender weiterhin

Aber nicht mehr die Flitzer vor den Blitzern, denn beide gibt es ja nicht mehr. In der durch die Flitzerblitzer freigewordenen Sendezeit werden stattdessen Einbrecher darüber informiert, welche Häuser mit Alarmanlagen ausgestattet sind und welche nicht. Und Ladendiebe (die jetzt Stibitzer heißen) werden vor Kaufhausdetektiven gewarnt (die man jetzt heiter-originell Stibitzerknipser nennt): „ffn-Hörer Jeremy-Justin-Pascal hat Stibitzerknipser bei H&M gesehen. Also dort bitte besonders vorsichtig stibitzen. Und jetzt geht's weiter mit den Superhits der 30er und 40er."

4. Im Jahr 2041 wird das Flensburger Punktesystem auf Eigentumsdelikte umgestellt

Damit sich die Beamten in Flensburg nach der Abschaffung des Automobils nicht langweilen, dürfen sie nun Punkte für Eigentumsdelikte vergeben. Kaufhausdiebstahl bis zu einem Warenwert von 100 Euro: 1 Punkt. Taschendiebstahl auf offener Straße: 4 Punkte, Wohnungseinbruch: 7 Punkte, bewaffneter Raubüberfall mit Geiselnahme und allem Tamtam: 12 Punkte. Und wenn das Punktekonto voll ist, wird die Kreditkarte gesperrt.

5. Im Jahr 2041 ist Lebensgefahr schwieriger zu bekommen

Wenn man sich früher (so um 2014 rum) in Lebensgefahr begeben oder wenigstens bedroht oder beschimpft werden wollte, musste man einfach nur am Straßenverkehr teilnehmen. Am besten zu Fuß oder mit dem Fahrrad. Irgendwann fand sich immer ein Autofahrer, der einen anhupte, bedrohte oder einfach gleich totzufahren versuchte. Im Jahr 2041 gibt es dafür spezielle Autoverkehr-Erlebnisparks, in denen man gegen ein bisschen Eintrittsgeld all das nochmal hautnah erleben kann.

6. Im Jahr 2041 ist Benzin wirklich teuer

Mitleid mit Autofahrern war früher ein wichtiges Motiv der Boulevardpresse: Autofahrer arm dran, weil zu wenige Straßen, zu viele Tempolimits, zu viele Radfahrer und vor allem: Benzin zu teuer. 2041 ist das kein Thema mehr, weil Autos kein Thema mehr sind und das Benzin eh fast alle ist. Die paar Liter, die noch da sind, werden zu höheren Preisen gehandelt als Autogrammkarten von Michael Schumacher.

7. Im Jahr 2041 gehören die Straßen den Menschen

Da es keine Autos mehr gibt, können die Menschen ungestört mitten auf der Straße gehen, laufen, humpeln, rollen und radeln. Sie lassen sich nicht mehr auf Bürgersteige und schmale Fahrradstreifen zwängen. Sie übermalen die scheißlangweiligen Linien und Pfeile mit bunten Bildern, sie pflanzen Bäume, auch mitten auf der Straße. Und sie stellen alle Fußgängerampeln auf Rot, als Mahnmale, und laufen dann immer bei Rot rüber. Nur so zum Spaß.

8. Aus dem Jahr 2041 kommt man mit einer Brownschen Zeitmaschine nicht mehr zurück

Um wieder zurückzukommen nach 2014 musste ich erstmal Benzin für den DeLorean besorgen. Das war nicht einfach! Ich musste sogar meine geliebte Michael-Schumacher-Autogrammkarte dafür verkaufen. Außerdem ist es unmöglich, auf die ziemlich krasse Geschwindigkeit zu beschleunigen, die für den Zeitsprung nötig ist. Es gibt zwar keine Flitzerblitzer mehr, aber dafür stehen überall Bäume auf den Straßen. Und irgendwelche Bekloppte laufen dauernd bei Rot über die Ampeln, nur so zum Spaß.

9. Im Jahr 2041 lässt es sich gut aushalten

Daher bleibe ich einfach hier, verkaufe den DeLorean an ein Museum und sende euch diese Botschaft in die Vergangenheit. Macht's gut und freut euch schon mal auf 2041! Wird echt knorke.

Das Märchen von Bösi und Bubi

Es waren einmal zwei böse Buben, deren Namen waren Bösi und Bubi. Die beiden hatten ein lustiges Hobby und das ging so: Bösi stellte sich als sexy Anhalterin verkleidet an den Straßenrand und stoppte einen Gummibärchen-Laster. Das war lustig, weil Bösi den Moment so sehr mochte, wenn des Lasterfahrers Blick von freudig-sabbriger Erregung in ungläubiges Entsetzen sich wandelte. Die Zeit, die der Fahrer dann benötigte, um sich zu sammeln und den nun doch nicht mehr so willkommenen Gast wieder loszuwerden, nutzte der böse Bubi, um den Laster von hinten zu entern und in Windeseile viele, viele Kisten Gummibärchen zu entwenden.

Wenn sie dann zusammen in ihrer Blechhütte saßen und Gummibärchen mampften, fanden sie das sehr lustig. Die Sache hatte aber einen schlimmen Nachteil: Sie bekamen immer so dolle Magenschmerzen, dass sie am nächsten Tag einen Magentropfen-Laster überfallen mussten. Da Magentropfen in Mengen genommen auch nicht so gut bekommen, ging es rapide bergab mit den beiden. Sie wurden unsicher in ihrer Zielgenauigkeit und überfielen eines Tages versehentlich einen Anti-Baby-Pillen-Laster. Erstmal war das nicht schlimm, denn einen Kinderwunsch hatten die beiden sowieso nicht und die neuen Brüste waren gut für Bösis Tarnung als sexy Anhalterin. Aber Bubi fand die Brüste uncool, denn sie waren beim Ausladen der Gummibärchen-Kisten irgendwie immer im Weg.

Eine Lösung musste her und also machten sie einen Businessplan. Das hatten sie mal in einem Existenzgründer-Seminar gelernt. Der Businessplan ging so: Die Gummibärchen werden nicht mehr alle selbst gegessen, sondern größtenteils veräußert. Aufgrund der geringen Produktionskosten können die am Markt etablierten Gummibärchenanbieter locker preislich unterboten und in den Ruin getrieben werden. Tschaka! Gesagt, getan!

Das klappte ganz gut, aber bald waren sie die einzigen Gummibärchen-Anbieter in der Gegend, was den Nachteil hatte, dass auch keine Gummibärchen-Laster mehr vorbeifuhren, die sie hätten überfallen können. Also musste ein neuer Businessplan her, und der ging so: Es wird eine Gummibärchen-Schnitzmaschine[4] angeschafft (die sind derzeit billig zu bekommen). Und fortan werden die Gummibärchen selbst produziert. Tschaka! Gesagt, getan!

Durch ihre Marktführerschaft waren die beiden inzwischen zu Leistungsträgern geworden, so dass sie natürlich nicht mehr selbst arbeiten konnten, sondern Personal brauchten. Zur Rekrutierung des Personals setzten sie auf ihr bewährtes Zero-Cost-Verfahren und überfielen Omnibusse mit Berufs-

---

[4] Die Gummibärchen-Schnitzmaschine als Mittel zur Verdeutlichung ökonomischer Zusammenhänge geht zurück auf meinen Gemeinschaftskundelehrer Kai Albert.

pendlern, um diese zu versklaven. Die hatten eh nicht viel zu lachen im Leben und waren somit genügsam. Die Verpflegung wurde kostenlos gestellt, und wer mit der farbenfrohen Kost nicht klarkam, bekam halt Magentropfen. Davon waren noch genügend da, genau wie von den Anti-Baby-Pillen. Die wurden den Ex-Berufspendlerinnen (nun Sklavinnen) verabreicht, um die Produktivität nicht zu gefährden.

Das Geschäft lief so gut, dass ihr Gummibärchenwerk schon bald vom Bürgermeister besucht wurde. Sie bekamen eine Auszeichnung für wirtschaftliche Innovation und ein amtliches Schulterklopfen. Sie waren aber auch beim gewöhnlichen Volk beliebt, denn sie schufen ja Arbeitsplätze. Und vor allem billige Gummibärchen.

Die Ex-Berufspendler (nun Sklaven) sollten doch froh sein, dass sie überhaupt Arbeit hätten in dieser strukturschwachen Gegend, hieß es an den Stammtischen und in der Bildzeitung. Und die teuren Fair-Bär-Gummibärchen könne sich doch keiner leisten. Unverschämte Preise würden die nehmen, asozial geradezu, im Gegensatz zu den sehr volksnahen Preisen der Bösi-und-Bubi-Bärchen.

Die FairBär-Gummibärchen waren eine Idee der Belegschaft des alten Gummibärchenwerks, das von Bösi und Bubi in den Ruin getrieben worden war. Es waren die gleichen Gummibärchen wie vorher, nur dass die Tatsache, dass die Angestellten für ihre Ar-

beit bezahlt wurden, neuerdings ein Alleinstellungsmerkmal auf dem Gummibärchenmarkt war.
Bösi und Bubi war die FairBär-Konkurrenz piepegal, denn einen nennenswerten Marktanteil konnten die Ökos sowieso nicht erreichen mit ihren überhöhten Preisen. Aber ein Problem hatten die beiden trotzdem, denn ihr Leistungsträgerdasein war ihnen langweilig geworden. Als sie eines Nachts mal wieder mit einer ihrer gummibärchenbesetzten Stretch-Limousinen am durch die Stadt cruisen waren, packte sie noch einmal ihr alter Übermut.
Sie befahlen, an der nächsten Ecke zu halten, warfen die mitfahrenden Ex-Berufs-pendlerinnen (jetzt Sex-Sklavinnen) raus, ebenso wie den vorn sitzenden Ex-Berufspendler (jetzt Chauffeur-Sklave), und setzten sich selbst nach vorn. Sie meinten, es wäre doch total lustig, mal im konkurrierenden Gummibärchenwerk vorbeizuschauen und bei den FairBär-Spackos die Nachtschicht aufzumischen. Tschaka! Gesagt getan!
Kurz vor Erreichen des feindlichen Werks stand eine sexy Anhalterin am Straßenrand und signalisierte unbedingte Mitfahrbereitschaft. Bösi und Bubi ließen sich nicht lang bitten und nahmen die spärlich bekleidete Dame in ihre Mitte. Hey Jungs, sagte sie in sehr freundlichem Ton, wie ihr ja sicherlich wisst, braucht man für die Herstellung von Gummibärchen normalerweise Gelatine. Diese wird normalerweise aus Tierknochen gemacht. Für die Gummibärchen von FairBär gelten aber höchste ethischen

Standards, so dass wir selbstverständlich keine Tierknochen verwenden.

Erst jetzt fiel den verdutzten bösen Buben auf, dass die gut informierte Dame ein FairBär-Logo an ihrer Haarspange trug. Ey! Bist du eine von diesen Öko-Tanten oder was?, wollte Bubi wissen. Ja genau, du Schlauberger, und jetzt brauche ich eure Knochen, sprach sie und holte ein komisches Gerät zwischen ihren Brüsten hervor. An dieser Stelle endet das Erinnerungsvermögen von Bösi und Bubi.

Popstars der Trabantenstadt

Ich bin in Grasdorf an der Leine aufgewachsen. Das ist südlich von Hannover und recht hübsch. Wie so viele tapfere kleine Dörfer verlor Grasdorf im Kalten Krieg seine Souveränität und wurde vom Nachbardorf Laatzen annektiert. Nach der Einverleibung weiterer Dörfer und dem Hinzufügen einer größeren Menge grauer Plattenbauten um eine Shopping Mall herum wurde Laatzen zu Alt-Laatzen abqualifiziert, während der auf einem östlich gelegenen Acker errichtete Betonmoloch seitdem Laatzen-Mitte heißt.

Die Thematik wurde mir schon als Kind im Comicband „Asterix und die Trabantenstadt" nahegebracht, in dem Julius Cäsar versucht, die aufmüpfigen Gallier mürbe zu machen, indem er ihnen eine Trabantensiedlung vor die Nase setzt.

Das verschlafene Grasdorf mit dem aufsässigen Gallierdorf zu vergleichen, ist möglicherweise etwas hochgegriffen. Bei Asterix müssen die Römer, die in der Trabantenstadt wohnen, zunächst im Gallierdorf einkaufen. Ich weiß nicht, ob irgendein Bewohner von Laatzen-Mitte jemals zum Einkaufen nach Grasdorf gegangen ist, aber wenn, dann wurde er dort garantiert nicht mit Hinkelsteinen beworfen.

Ich bin mir auch gar nicht sicher, ob ich als Kind überhaupt den Zusammenhang gesehen habe zwischen Cäsars Trabantenstadt und Laatzen-Mitte. Natürlich war der Asterix-Band eine Satire auf genau

diese Art von seelenlosen Schlafstädten, die zu der Zeit überall in der kapitalistisch-kommunistisch geprägten Nordhalbkugel aus dem Boden schossen. Aber ich wuchs ja dort auf, das war ja meine Heimat. Das konnte ja nicht Gegenstand von Satire sein.
In Grasdorf war nichts los, also ging man natürlich nach Laatzen-Mitte, um im LEZ, im Leineeinkaufszentrum, abzuhängen und vielleicht irgendwas zu kaufen. Das LEZ, das heute peinlicherweise LeineCenter heißt, wurde in meinem Geburtsjahr 1972 errichtet. Man traf sich „im Leine", wie es auch liebevoll genannt wurde, man kaufte ein, man ging ein Eis essen, man erledigte auch Behördengänge, denn das Rathaus war praktischerweise direkt ans LEZ angekoppelt.
Hier wurden wir geprägt und geformt zu Menschen, die sich in Einkaufszentren wohlfühlen. Für die Einkaufen auf der Wichtige-Tätigkeiten-Skala gleich nach Atmen und Essen und noch vor Schlafen und Vögeln kommt. Wobei sich die meisten Laatzener Paare vermutlich im LEZ kennengelernt haben, also kann man das gar nicht so richtig trennen.
Was sagt das über eine Stadt, dass der Mittelpunkt des öffentlichen Lebens eine Shopping Mall ist?
Ein fundamentales Problem solcher Städte ist das Fehlen eines öffentlichen Zentrums. Das Zentrum ist hier ein privater Raum, in dem die Betreiber des Einkaufszentrums Hausrecht haben. Wen sie dort nicht haben wollen, den dürfen sie rausschmeißen,

ob wegen seiner Frisur, seiner Kleidung oder der politischen Ansichten, die er auf Flugblättern kundtut. Eine solche Stadt ist quasi eine Demokratiesenke. Aber das nur am Rande.

Ganze Städte am Reißbrett zu entwerfen ist ja schon an sich kein besonders demokratischer Vorgang. Man muss weder Julius Cäsar noch Albert Speer heißen, um sowas gutzufinden, aber so ein richtig richtig richtiger Demokrat kann man auch nicht sein. Und wenn eine Stadt schon am Reißbrett entworfen wird, sollte sie doch wenigstens nicht superhässlich sein. Laatzen-Mitte ist aber superhässlich, es ist nicht menschengerecht, sondern konsumgerecht und autogerecht. Es ist der Prototyp einer autogerechten Stadt, in der man sich als Mensch immer etwas verloren fühlt, sobald man das heimelige LEZ verlässt. Und deswegen tut man das auch nicht so gern.

Ende der Neunziger wurde versucht, am Rand von Laatzen-Mitte einen irgendwie menschengerechten Ort zu schaffen, und man nannte diesen Ort den Park der Sinne. Ironischerweise war ich es, der den noch recht jungen Park der Sinne ausgerechnet mit einem Auto durchquerte und dabei von höchster Stelle gestoppt wurde.

Ich spielte damals in der Laatzener Big Band, kurz Labiba. Die Labiba war sowas wie das James Last Orchester von Laatzen. Wir waren die Local Heroes, unsere Auftritte im LEZ waren Legende und mit dem Park der Sinne würden wir einen weiteren Spielort im Sturm erobern, das war unausweichlich.

Als der große Tag gekommen war, an dem wir im Rahmen der Einweihungsfeierlichkeiten auftreten sollten, navigierte ich unseren verbeulten Bandbulli durch den Park der Sinne wie Colt Seavers seinen Pickup und versuchte, die Bühne zu finden.

Plötzlich warf sich ein anscheinend lebensmüder Mann direkt vor mein kaum zu bändigendes Vehikel und fuchtelte mit den Armen. Ich konnte gerade noch eine Vollbremsung hinlegen und der ächzende Bulli kam knapp vor dem Mann zu stehen, ein guter Zentimeter zwischen Stoßstange und Kniescheibe. Was ich denn mit dem Bulli hier im Park zu suchen hätte, das sei hier doch keine Motocross-Arena.

Die Personenerkennung in meinem Gehirn ratterte ein wenig, den kenn ich doch irgendwoher, das ist doch, das ist doch, ja genau, das ist doch der Bürgermeister! Hauke Jagau! Ein Mann, der kürzlich in die Fußstapfen so illustrer Figuren wie Erich Panitz und Gottfried Gensch getreten war und der sich nun vor einen in voller Fahrt befindlichen rostigen Bulli in den Matsch warf.

Krasser Typ, der Jagau, dachte ich, jetzt kann ich ja mal richtig eloquent sein. „Äh, also, ich, äh, ich habe Instrumente da hinten drin." - „Instrumente?" - „Äh, ja, also, ich, äh, ich gehöre zur Labiba und wir spielen nachher auf der …" - „Ah! Labiba! Ja, klar! Bitte dort entlang!" - Ja, klar: Wir waren Popstars.

Das Konzert lief super bis zu dem Zeitpunkt, als wir „The Unknown Stuntman" spielten, mein Lieblingsstück. Da sich mein Part auf ein gelegentliches Fingerschnipsen beschränkte, hatte ich Gelegenheit, mir das Publikum genauer anzusehen. Die Leute saßen an langen Biertischen, auf denen im Ganzen gegrillte Schweine in Weinsauce lagen. Das Fleisch wurde mit bloßen Händen herausgerissen und schmatzend verspeist. Einige trugen Helme mit Federn. An einem Baum im Hintergrund hing fluchend unser Gitarrist.

Gitarristen gehen in einer Big Band immer ein bisschen unter, deswegen war sein Fehlen noch nicht aufgefallen. Ich überlegte, ob mein Fehlen wohl auch nicht auffallen würde und suchte nach einem Fluchtweg, um weg zu sein, bevor die ersten Hinkelsteine flogen.

Doch zum Glück waren es keine Hinkelsteine, die kurz darauf in Richtung Bühne flogen, sondern nur die üblichen Slips und BHs, natürlich alle aus dem neuen Dessous-Laden im LEZ.

Warum die Hopfenfelder nicht brennen

Eines Morgens war ich nicht mehr müde. Also stand ich auf, ging ins Bad und duschte. Das war gut. Das entspannte mich enorm, wenn warmes Wasser meinen Körper beregnete. Nach ein oder zwei Stunden entspannten Beregnetwerdens fiel mir ein, dass ich meine Haare waschen könnte und griff zur Shampoo-Flasche. Auf dem Etikett war eine sehr gut gelaunte Frau abgebildet mit krass schönen Haaren. Aus der Beschriftung ging hervor, dass es ein Hopfen-Shampoo war, dessen mein spärliches Haupthaar sich gleich würde erfreuen dürfen. Hopfen, dachte ich, da könnte man auch Bier draus machen.

Während ich meine Haare einschampunierte, schloss ich die Augen und stellte mir Hopfenfelder vor. Der Hopfen wiegte sich im Wind oder wog sich im Wind. Wenn man sich im Wind wiegt, ist man dann wohl leichter oder schwerer als bei Windstille? Und schon sah ich Hopfenreben, die, während ein kräftiger Wind sie umtoste, aus der Reihe traten, um sich auf eine Waage zu stellen und sich zu wiegen.

Ich ohrfeigte mich sogleich selbst für diese blödsinnige Abschweifung aus meinem Wellness-Tagtraum. Ich versuchte, die romantischen Hopfenfelder wieder vor meine innere Linse zu bekommen, ohne die albernen Waagen, und einigermaßen gelang es mir auch. Der Hopfen wogte hin und her. Doch wirklich entspannend wurde es nicht mehr, denn ich hatte mein Vertrauen in diesen Tagtraum verloren, fürchtete weitere Streiche, die er mir spielen könnte.

Und tatsächlich: ein Schreckensbild diesmal: Der Hopfen brannte plötzlich. Ich träumte von brennenden Hopfenfeldern! Aber warum? Vielleicht ein Zeichen, dass ich meinen Bierkonsum reduzieren sollte. Denn Bier ist - bei aller Liebe - eine suchtbildende Droge. Das darf man nicht vergessen. Aber eine legale Droge immerhin, mehr als legal sogar, etabliert und anerkannt, fest verankert in der europäischen Kulturgeschichte. Was konnte daran schlecht sein?

Mit diesem wohligen Gedanken verließ ich das Badezimmer, vergaß die brennenden Hopfenfelder und ging in die Küche, um zu frühstücken. Als erstes machte ich mir ein Bier auf. Man kann ja nie wissen. Ich frühstückte eine ganze Weile. Von den vielen Marmeladensorten sollte keine zu kurz kommen. Und der Camembert war vielleicht lecker, vor allem in Verbindung mit dem roten Pesto. Auch als ich schon satt war, wollte ich immer weiteressen. Die Angst vor dem Ende des Frühstücks. Wenn man keine Lust hat auf den Tag. Die Depression bleischwer auf einem hockt. Noch ein Ei, noch ein Honigbrot, noch einen Kaffee, noch ein Bier. Dabei ist der Bauch doch schon voll.

Zum Sinnbild der spätrömischen Dekadenz wurde die Legende, die reichen Römer hätten die Angewohnheit gehabt, den Magen während der Mahlzeit zu entleeren, um wieder Platz zu schaffen. Vielleicht war die spätrömische Dekadenz nur Depression? Vielleicht hatten die fetten Römer einfach keine Lust mehr aufs Leben und auf all die Dinge, die nach dem Essen auf sie warteten.

Eigentlich müsste ich jetzt sowas wie Mate trinken und Cocablätter kauen, um in Schwung zu kommen, mein Karma zu zentrieren und meine Depression zu überwinden. Bier war fürs Zentrieren des Karmas nicht die beste Wahl, auch nicht fürs Inschwungkommen und schon gar nicht gegen die Depression. Coca und Mate wären da deutlich besser geeignet.

Kleiner Exkurs: Die Tradition, Cocablätter zu kauen, um wach zu bleiben und sich besser konzentrieren zu können, stammt aus Bolivien. Coca ist dort quasi Volksdroge. Bolivianische Bergarbeiter kauen seit Jahrhunderten auf Cocablättern rum, um den Tag zu überstehen. Die Maurerbrause Südamerikas sozusagen. Nur dass es eine ganz andere Wirkung hat als Bier.

Was sagt eigentlich eine Volksdroge über ihr Volk?

Obwohl das eigentlich eine interessante Frage war, kam plötzlich mein pyromanischer Tagtraum zurück, diesmal mit brennenden Cocafeldern. Cocafelder brennen tatsächlich gelegentlich, wenn die USA Drogenpolitik außerhalb ihres Territoriums betreiben. Aus Coca kann man nämlich Kokain gewinnen (daher der Name) und Kokain macht in der geilen ersten Welt die Gehirne von geilen Managern und Werbeleuten kaputt. Deswegen dürfen die Coca-

Bauern in Bolivien kein Coca mehr anbauen und die Bergarbeiter können keins mehr kauen. Bergarbeiten müssen sie aber trotzdem noch. Vielleicht nehmen sie jetzt Ritalin oder so.

Die brennenden Cocafelder und Ritalin schluckenden Bergarbeiter vor Augen stand ich, von plötzlichem Elan ergriffen, vom Frühstück auf. Die Ungerechtigkeit der Welt, die konnte mich schon aufregen, da kochte ein Zorn in mir hoch. Da konnte ich schon mal vom Frühstück aufstehen. Und wo ich schon mal aufgestanden war, ging ich zum Kühlschrank und holte noch ein Bier. Musste erstmal wieder runterkommen. Zwischendrin warf ich einen Blick aus dem Fenster. Draußen war die geile erste Welt. Gegenüber wurde gerade ein schönes altes efeuberanktes Backsteingebäude abgerissen, das ich sehr mochte. Es musste einem schneeweißen Klotz aus Luxuswohnungen weichen, für die geilen Manager der ersten Welt mit ihren schneeweißen Nasen. So stellte ich mir das vor, in echt war das natürlich gar nicht die Gegend für geile Manager. Die Wohnungen würden die nie verkauft kriegen, da hatte ich ein gutes Gefühl.

Komisch war nur: Die Maurer tranken gar kein Bier während der Arbeit. Durften die das nicht mehr? Oder nahmen die inzwischen, um dem Leistungsdruck standzuhalten, auch Koks wie die Manager? Wird das Bier als Volksdroge abgelöst? In Spanien ist es bald soweit, wie ich hörte. Dort sind an fast jedem Geldschein Koksspuren. Während ich die Bierflasche an den Hals setzte und grübelnd aus dem Fenster schaute, wurde mir klar, was eine Volksdroge über ihr Volk sagt. Ein Volk, das sich Bier als Volksdroge leisten kann, darf sich glücklich schätzen.

Ich nahm noch ein Bier aus dem Kühlschrank und legte mich ins Bett, um ausführlich darüber nachzudenken. Eins fiel mir noch ein vor dem Einschlafen: Auf einen Kokainabhängigen kommen doch locker tausend Alkoholabhängige. So schloss sich der Kreis zu den brennenden Hopfenfeldern. Dass die Hopfenfelder nicht brennen, daran erkennt man, dass das hier die geile erste Welt ist, dachte ich und schlief ein.

Du bist, was du isst

Heute habe ich ein Schwein gegessen. Das heißt, natürlich kein ganzes Schwein, sondern nur einen Teil davon. Jedenfalls vermute ich das aufgrund der Packungsaufschrift. Was ich mit Sicherheit sagen kann, ist: Ich habe eine rosafarbene kreisrunde Scheibe gegessen, die ich auf ein Brot gelegt habe.
Beim Kauen frage ich mich, was aus den übrigen Teilen dieses Schweins geworden ist. Wer alles noch von genau diesem Schwein ein Steak oder eine Scheibe Schinken gegessen hat, einen Ledergürtel aus dieses Schweins Haut trägt, seinem Hund einen Knochen oder Fuß dieses Schweins gegeben oder wer wie ich eine Packung Wurst aus dem Kühlregal genommen hat.
Ich stelle mir vor, ich krepiere an der Wurst und werde dann in der Hölle mit dieser lustigen Runde in ein Klassenzimmer gesperrt, mit genau den Menschen, die wie ich Teile dieses einen Schweins konsumiert haben. Und weil es die Hölle ist und kein Biobauernhof, muss die Gruppe eine echt krasse Aufgabe erfüllen.
Sie muss das Leben dieses Schweins noch einmal organisieren, also dafür sorgen, dass ein Ferkel beschafft, in eine Gitterbox gesperrt, mit Sojaschrot gemästet, mit Antibiotika vollgepumpt und am Ende geschlachtet und verwertet wird, bis der eingeschweißte Wurstscheibenstapel über den Kassen-

scanner gezogen wird. Keine leichte Aufgabe. Und wenn wir scheitern, werden wir als Mastschweine wiedergeboren.

Zum Glück gibt es in der Runde einen Typen mit Organisationstalent, der sich charismatisch in den Mittelpunkt drängt und die Leitung übernimmt. Ich nenne ihn den Knochenmann, weil er seinem Hund einen Schweineknochen gekauft hat. Der Pechvogel ist eigentlich Vegetarier, aber sein Hund halt nicht.

Ein zweiter Hundehalter outet sich und erwähnt, dass er Schweinefüße säckeweise zu kaufen pflegt, weil's dann billiger ist. Schlauer Fuchs. Ich nenne ihn Chuck, wegen dem Chuck-Norris-Witz, aber auch weil er so aussieht. Chuck ist das Gegenteil von einem Vegetarier. Chuck ist ganz und gar Chuck. Chuck bekommt auch auf Tiernahrung Rabatt.

Der Knochenmann ist ein großer Organisator. Er bildet Projektgruppen, um Teilaufgaben zu erledigen. Ich überlege, welche Aufgabe am besten zu mir passen würde. Auf keinen Fall will ich in den Stall oder an die Tötemaschine oder in die Schlachterei. Ich könnte die Antibiotika besorgen. Oder einen Schweinelaster fahren. Oder besser einen Kühllaster, wo schon die fertigen Packungen drin sind. Lässig über die Autobahn dübeln, immer schön linke Spur.

Doch ich erblicke eine Liste für Auslands-tätigkeiten und trage mich dort ein. Mal rauskommen, andere Kulturen kennenlernen, souverän auf Englisch verhandeln, da sehe ich mich. Als die Auslandsgruppe zusammenkommen soll, um sich zu besprechen, wird mir aber klar, dass ich überhaupt nicht zugehört habe, als der Knochenmann die Aufgaben erklärt hat. Die stumpfesten Vollpfosten sind ausgerechnet in meiner Gruppe. Auch Chucky Schweinefuß. Und fürs souveräne Verhandeln werde statt Englisch eher Spanisch nützlich sein, sagt der Knochenmann.

Die Sache ist nämlich die: Unser Schwein wurde mit Sojaschrot aus Südamerika gefüttert, und dieses Zeug muss nun die Auslandsgruppe beschaffen. Das Dilemma dabei ist: Die dortigen Bauern würden lieber was zu essen für sich und ihre Familien anbauen. Geht aber nicht, denn wir brauchen die Anbaufläche nun mal, um unsere Schweine und Hühner zu füttern. Um das den Bauern plausibel zu machen, wird die Auslandsgruppe mit Schusswaffen ausgestattet. Das macht Sinn, denn Chuckies Spanisch ist vermutlich genausowenig verhandlungssicher wie meins. Aber: Ich fühle mich unwohl bei der Sache. Ich frage den Boss, ob es nicht noch andere Auslandstätigkeiten gibt, ohne Waffen zum Beispiel. Ja, klar. Du kannst der Bauer sein, dem wir das Land wegnehmen. Dafür hat sich keiner eingetragen. Super, dass du das übernimmst!

Ja, nein, warte, stammele ich. Vielleicht doch nicht. Warte! Warte! Ich habs: Ich könnte bei Lidl an der Kasse arbeiten und mich da ausbeuten lassen.

Der Knochenmann schaut mich mitleidig an: Sorry, Mann, der Job ist so ungefähr als erster weggegangen.
So ein Elend. Ich weiß nicht weiter. Ich hätte Biofleisch kaufen sollen. Die Bio-Runde sitzt wahrscheinlich im Nachbarklassenzimmer und trinkt Biosekt, weil die Sache mit einem Anruf beim Bauern erledigt war.
Warum muss der Chef das denn auch alles so genau nehmen? Wir könnten doch einfach so tun, als wüssten wir von nichts. Das Schwein könnte ja auch vom Kattult-Hof in Lönneberga gekommen sein. Ich würde auch freiwillig den Michel spielen.
Aber der Knochenmann kennt sich aus und lässt uns an seinem Wissen teilhaben. Wusstet ihr zum Beispiel, dass die deutschen Fleischkonsumenten weltweit Anbauflächen von der Größe Bayerns annektiert haben, um Futtermittel anzubauen? Und das ohne Kriegserklärung, nur mit Geld. Wer Geld hat, braucht keinen Krieg zu führen, so ist das nämlich.
Hey, rufe ich da, das Geld sollte dann wohl mal den Friedensnobelpreis bekommen, oder? Keiner lacht. Komisch. Obwohl: Vielleicht bin ich auch einfach der einzige hier, der den Schuss nicht gehört hat, und die anderen haben längst gecheckt, was abgeht. Der Knochenmann grinst nämlich so komisch. So diabolisch irgendwie. Dann kommt er ganz nah an mein Ohr und flüstert:

Du hast echt geglaubt, die Mission wäre zu schaffen, was? Die anderen werden's schon irgendwie richten und du läufst einfach ein bisschen mit. Klappt aber nicht, sorry. Der ganze Prozess vom Annektieren der Anbauflächen bis zu den eingeschweißten Auswürfen der Fleischindustrie erfordert ein Ausmaß an Skrupellosigkeit, das nicht mal dein Kollege Chucky hier annähernd aufbringen kann. Soll ich dir mal verraten, wie das klappt, Kleiner?
Sag's mir, Knochenmann. Ich bin gespannt.
Das klappt nur, wenn viele, viele Menschen jeweils ein kleines Häppchen Skrupellosigkeit in einen sehr großen Topf werfen. Jeder nur ein bisschen, so dass jeder sich noch okay dabei fühlt, nicht super, aber auch nicht richtig schlimm. Der Topf ist dann irgendwann voll genug für die krassesten Untaten und das, obwohl die meisten von euch nicht bereit wären, einem armen Bauern sein Land zu rauben. Ihr würdet es nicht mal übers Herz bringen, das Tier umzubringen, selbst wenn das ganze Drumrum okay wäre und das Schweinchen auf dem Kattult-Hof in Lönneberga großgeworden wäre. Ihr würdet es wie ein Kind großziehen und hätscheln und irgendwann würdevoll bestatten, nachdem es eines natürlichen Todes gestorben wäre. Deswegen habt ihr keine Chance, die Aufgabe zu erfüllen, und werdet leider als Mastschweine wiedergeboren.
Der Knochenmann verlässt den Raum und kurz bevor er die Tür mit einem hässlichen Lachen von au-

ßen zuknallt, ruft er mir zu: Du bist, was du isst, Kleiner. Du bist, was du isst.

Über die Nichtexistenz der Zeit

Die Zeit ist eine Zumutung. Eigentlich existiert sie gar nicht. Man kann sie nicht greifen, nicht festhalten. Ich jedenfalls nicht.

Ich schaue kurz aus dem Fenster, denke an nichts Bestimmtes und wenn ich wieder auf die Uhr gucke, sind 20 Minuten vergangen. Das passiert mir dauernd. Und es beweist, dass die Zeit nur eine Farce ist, eine Chimäre.

Als Kind hatte ich ein Kaninchen, mit dem ich ab und zu zum Tierarzt ging, damit dieser ihm die Krallen kürze. Nach Abschluss der Behandlung bewegte der Tierarzt ein wenig den Kopf hin und her und sprach: „Sagen wir… fünf Mark." Er schien das aus dem Bauch heraus zu entscheiden, eigentlich war es ihm egal, er hätte genausogut zehn Mark oder auch „passt schon" sagen können.

So geht es mir heute mit der Zeit. Wenn ich kurz aus dem Fenster geschaut und gegrübelt habe, wiegt der liebe Gott den Kopf ein wenig hin und her und spricht: „Sagen wir… 20 Minuten."

Wenn er mal gute Laune hat, knöpft er mir nur fünf Minuten ab, bei schlechter Laune können es auch mal ein paar Stunden sein. Oder Jahre. Ich habe zum Beispiel gerade angefangen, einen Roman zu schreiben. Und kaum ist die erste Seite fertig, hält Gott schon die Hand auf, wiegt den Kopf hin und her und spricht: „Sagen wir… drei Jahre!"

Drei Jahre pro Seite sind ein hoher Preis. Ich hoffe, er hält sich in Zukunft ein bisschen zurück mit seinen Zeitforderungen. Für Gott spielt Zeit keine Rolle. Und weil mich das ärgert, spielt für mich Gott keine Rolle.

Gott mag ich nicht, aber ich mag das Licht. Deswegen schaue ich gern aus dem Fenster. Ich mag das Licht, obwohl es in allem das Gegenteil von mir ist. Es bewegt sich geradlinig und ohne Umwege, es macht keine Pausen und ist voller Energie, ja es ist reine Energie. Und es ist superschnell.

Es legt in einer Sekunde 300.000 km zurück. Das klingt erstmal viel, heißt aber auch, dass es in einer Millisekunde nur 300 km schafft, und das ist ja schon eine überschaubare Distanz. Noch krasser wird es, wenn man sich eine Mikrosekunde anschaut. In einer Mikrosekunde schafft das Licht nur 300 Meter. Wenn ich zum Beispiel mit meiner Schwester in Spanien telefoniere und „Hallo" sage, ist das erste L vom „Hallo" schon in den Pyrenäen, während das zweite L noch im Elsaß rumhängt.

Kürzlich habe ich gelesen, dass eine Börsenhandelsfirma zig Millionen Dollars ausgegeben hat, um das Datenkabel zum Rechenzentrum der Börse auf dem direkten Weg mitten durch einen Berg hindurch zu verlegen. Wenn sie das Kabel um den Berg herumgelegt hätten, wäre das zwar viel billiger gewesen, hätte aber entscheidende Mikrosekunden gekostet. In der Börse ist eine Mikrosekunde eine lange Zeit.

Ganze Großbanken können in Mikrosekunden zugrunde gehen.
Solche Dinge sind mir gruselig. Ich bin ein Freund der Langsamkeit. Ich will nicht von Entschleunigung reden, denn Entschleunigung ist ja ein Quatschwort. Entschleunigung hieße, dass man seine Geschwindigkeit nicht ändert, also auch nicht verlangsamt. Verlangsamung ist aber unbedingt erforderlich. Immer und überall, außer vielleicht bei Penny in der Kassenschlange. Und auf Festivals am Bierstand.
Im Gegensatz zu den Entschleunigungspredigern von heute habe ich die Vorzüge der Langsamkeit schon als Schüler erkannt. Damals in den 80er Jahren nannte man das noch Faulheit.
„Ach, Herr Kayser möchte acht Punkte haben für seine mündliche Beteiligung am Unterricht. Dabei hat er doch die ganze Zeit nur aus dem Fenster geguckt."
„Aber, Herr Lehrer! Die Zeit existiert doch gar nicht. Die Zeit ist doch eine Chimäre, Herr Lehrer!"
„Ach, Herr Kayser hält die Zeit für eine Chimäre. Aber vielleicht sind Zensuren ja auch nur eine Chimäre. Sagen wir… drei Punkte? Und was ist eigentlich eine Chimäre? Vielleicht weiß Herr Kayser das ja, weil sie draußen am Fenster vorbeigeflogen ist, die Chimäre."
Natürlich wusste ich das nicht, aber heute gibt es ja Ritalin und Wikipedia und deswegen weiß ich inzwischen, dass die Chimäre ein Ungeheuer aus der

griechischen Mythologie ist, das nicht fliegen kann. Vor allem aber ist Chimäre ein Synonym für Trugbild oder Täuschung.

Und dass die Zeit ein Trugbild ist, eine Täuschung, ausgedacht von einer Weltverschwörung aus frustrierten Erwachsenen, das ist zwar offensichtlich, aber trotzdem glauben alle an die Zeit.

Wir werden schon als Kinder darauf konditioniert, an die Zeit zu glauben. Mitten in der Nacht von einem bekloppten Wecker aus dem Bett getreten, schleppt man sich im Halbschlafdelirium in die Schule und wird dort in ein 45-Minuten-Raster gepresst. Regelmäßige Gongschläge hämmern dieses Raster in unsere Gehirne, bis uns nach einem Jahrzehnt des Psychoterrors die Zeit so selbstverständlich geworden ist, dass wir sie gar nicht mehr in Frage stellen.

Die Zeit ist aber genau wie Gott eine ausgedachte Autorität, geschaffen von psychotischen Tyrannen. Gott sagt: Du sollst keinen Spaß haben, du sollst demütig und dankbar sein. Und Gottes Scherge, die Zeit, sagt: Du sollst funktionieren, und zwar schnell. Und bloß nicht ins Grübeln kommen, dafür ist keine Zeit!

Wer auf die Zeit-Konditionierung nicht anschlägt, wird zum Psychiater geschickt und mit Ritalin gefüttert bis er's kapiert. Und muss später Klositze reinigen oder Schriftsteller werden.

Jetzt ist mein erstes Buch gerade fertig und schon höre ich wieder Gottes Stimme: „Sagen wir... sieben Jahre!"

Im Blaulicht-Verlag erschienen:

Dominik Bartels
Blättersammlung
Bühnentexte und Essays

ISBN 978-3-941552-29-6 Preis: 9,90 €

„Irgendwie ist die Welt nicht ganz dicht. Das Loch in der Wand stopft aber auch der ausgestreckte Zeigefinger nicht mehr recht. Hier hilft es nur, die Wirklichkeit nicht kreise ziehend zu umzingeln, sondern sie treffsicher, augenzwinkernd, ehrlich und emphatisch auf den Punkt zu bringen. Dominik Bartels liefert ein Selbsthilfebuch für überlange Spaziergänge um den heißen Brei."

Theresa Hahl – Bochum

„Bartels schafft es, Themen an- und in Texte zu packen, bei denen andere nach Sichtung der Tagesschau kapitulierend in sich zusammensacken. Ein Hinweis am Rande: ob Nachhaltigkeit, faire Bank, fairer Handel oder Spendensammlung, dieser Mann lebt seine textlichen Inhalte und Ansprüche tatsächlich. Da bleibt nur ein Wort für dieses Buch: »deshalb«."

Tobi Kunze – Hannover

Im Blaulicht-Verlag erschienen:

Ninia LaGrande
... und ganz, ganz viele Doofe
Geschichten und Gedichte

ISBN 978-3-941552-30-2   Preis: 9,90 €

Meine allererste Frauenärztin sprach beim Abtasten: "Ach, huch, Ihre Gebärmutter ist ja ganz klein!!" Ach nee! Schau mich doch mal an! Ich bin insgesamt ganz klein!

34 Geschichten und Gedichte über das Leben in Großstädten, Partys bei Landeiern, Besuchen bei der Frauenärztin und den Versuch, mit 140 Zentimetern geballter Lebensgröße einfach ganz „normal" zu sein (Spoiler: Klappt nicht!). Ninia LaGrande bespielt seit Jahren jede Bühne im Poetry Slam und im Netz, die sie finden kann. Und zwischendurch sitzt sie in der Straßenbahn, twittert und denkt sich Geschichten über all die Menschen aus, die neben, vor oder hinter ihr sitzen. Dieser Kurzgeschichtenband versammelt die besten ihrer Geschichten und Gedichte der letzten zehn Jahre – ein Rundumschlag aus einer anderen Perspektive.

„Ihre Brüste sind sehr schön." (Frauenärztin)